LE
CATÉCHISME SOCIAL

OU D'UNE ORGANISATION POLITIQUE

PRÉCÉDÉ D'UN

COUP D'ŒIL RAPIDE SUR LA SOCIÉTÉ ACTUELLE

SA SITUATION, SON AVENIR

Par l'Auteur de

LA DÉCADENCE DE L'EUROPE

Audi Israel! Dominus Deus noster Dominus unus est.
Deuteron., vi, 4.
Dominum Deum tuum timebis, et illi soli servies.
Deuteron., vi, 13, Moyses.
Surge! Tolle grabatum tuum et ambula.
Ev. s. Joh., v, 8. Jésus-Christus.

Prix : 2 francs

PARIS

LIBRAIRIE DU LUXEMBOURG

16, RUE DE TOURNON

1876

LE
CATÉCHISME SOCIAL

PLAN D'UNE ORGANISATION POLITIQUE

PRÉCÉDÉ D'UN

COUP D'ŒIL RAPIDE SUR LA SOCIÉTÉ ACTUELLE

SA SITUATION, SON AVENIR

Par l'Auteur de

LA DÉCADENCE DE L'EUROPE

Audi Israel ! Dominus Deus noster Dominus unus est.
Deuteron., vi, 4.
Dominum Deum tuum timebis, et illi soli servies.
Deuteron., vi, 13, Moyses.
Surge ! Tolle grabatum tuum et ambula.
Ev. s. Joh., v, 8. Jésus-Christus.

PARIS
LIBRAIRIE DU LUXEMBOURG
16, RUE DE TOURNON
—
1876

Paris. — Imprimerie Moderne (Barthier, d'), 61, rue J.-J.-Rousseau.

TABLE DES MATIÈRES

PREMIÈRE PARTIE

*Quelques faits historiques et statistiques, et les principales opinions
de l'auteur exposées dans « LA DÉCADENCE DE L'EUROPE. »*

DEUXIÈME PARTIE.

ANALEPSIS

L'Europe est exposée à des catastrophes prochaines.

FRANÇOIS-JOSEPH, empereur d'Autriche,
Mémoire du 4 août 1863.

L'état de l'Europe est maladif et précaire.

NAPOLÉON III, empereur des Français,
Discours du 5 novembre 1863.

L'Europe est destinée à un avenir plus agité encore.

GUILLAUME, roi de Prusse,
Ouverture de la session législative en 1863.

Il n'y a aucun pouvoir humain ou divin qui puisse orcer un homme à croire à une religion ou à toute autre chose contraire à ses convictions.

L'ARCHEVÊQUE DE CINCINNATI,
Lettre pastorale publiée en 1867.

La liberté fut-elle donc montrée à l'homme pour qu'il ne pût jamais en jouir ?

Non, je ne puis consentir à regarder ce bien, si universellement préféré à tous les autres, sans lequel tous les autres ne sont rien, comme une simple illusion !

Mon cœur me dit que la liberté est possible, que le régime en est facile et plus stable qu'aucun gouvernement arbitraire.

CARNOT, tribun,
Séance du 14 floréal an XII (3 mai 1804).

Sollte man mich, weil ich mit kühner Hand viel von dem Altar der Vorurtheile abgerissen, für einen politischen Schwærmer oder philosophischen Ketzer halten und erklæren, welches ich geruhig abwarte, so werde ich doch nie meine Sætze wiederrufen, und will lieber auf einem Scheiterhaufen sterben.

**

Celui qui cache la vérité aux souverains, de peur de les désobliger, est leur plus grand ennemi, et ce silence est sans aucun profit pour la société, que quelques-uns d'entre eux voudraient peut-être rendre heureuse.

Celui qui flatte la société, craignant de lui déplaire, agit à son préjudice, sans aucun profit pour les souverains que les peuples entoureraient peut-être d'amour.

Il est grandement temps de déchirer le voile qui sépare les princes de leurs peuples et d'appeler les choses par leur nom. Les gouvernants et les gouvernés ne sauraient qu'en tirer des avantages incontestables. La science ne doit reculer devant aucune difficulté.

Lorsque l'organisme est délabré, il ne suffit pas de déraciner le mal qui en est la cause; il faut encore le prévenir. Il ne suffit pas de détruire ce qui est mauvais; il faut établir ce qui est bon. En cela, comme en toute chose, notre meilleur guide, c'est la nature.

La politique sans la philosophie est un monstre; la philosophie sans la politique est une chimère.

La vraie philosophie consiste à chercher la vérité et la manière de l'appliquer.

Avril 1874.

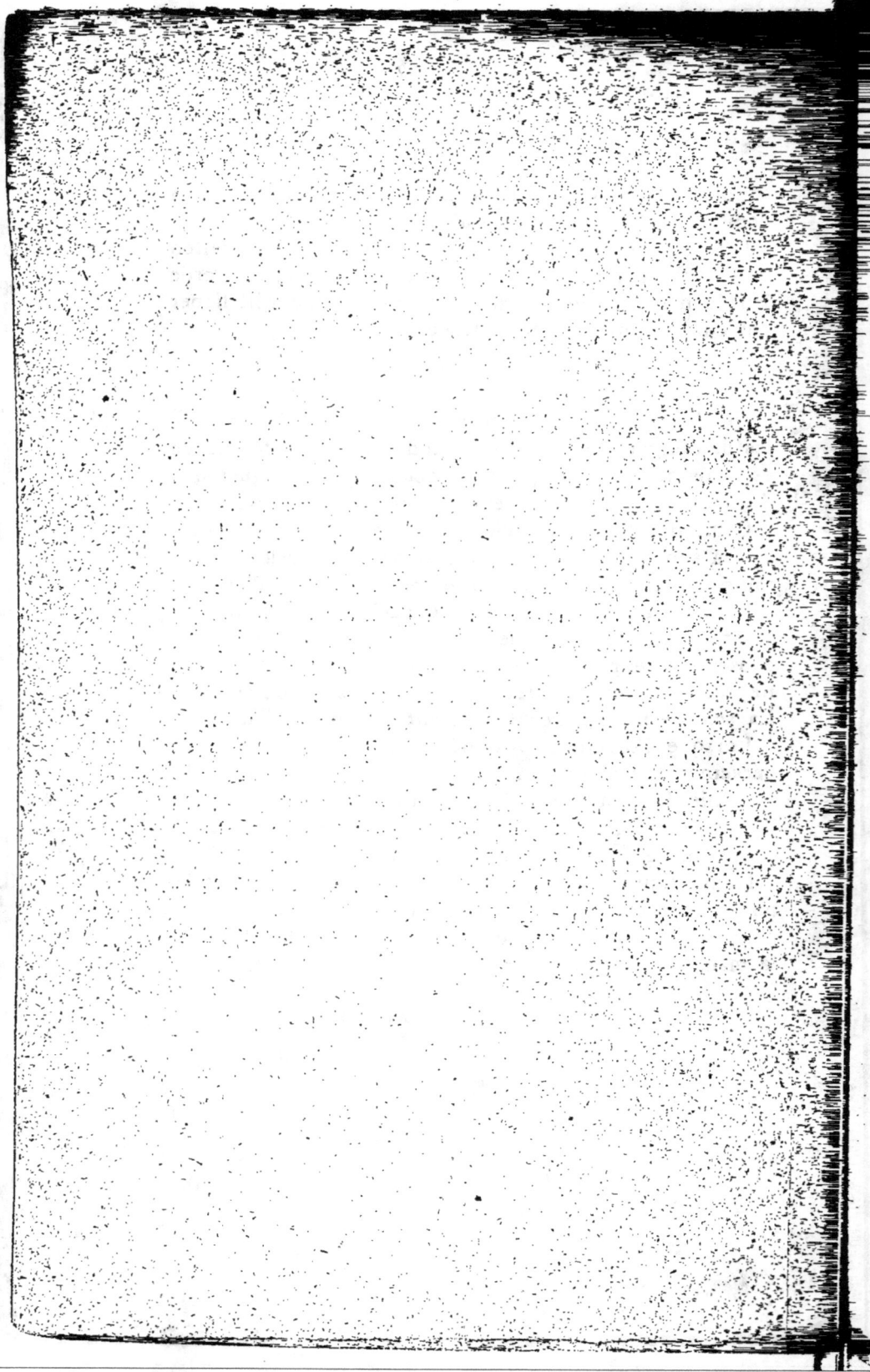

AUX PHILOSOPHES

Læsst mich das Alter im Stich ?
Bin ich wieder ein Kind ?
Ich weiss nicht ob ich
Oder die Andern verrückt sind.
GOETHE.

TRÈS-RESPECTABLES CONFRÈRES !

Vous êtes vieux de deux ou trois mille ans. La science, bien qu'elle soit le titre dont vous vous glorifiez, ne sait pas au juste votre âge. Toujours est-il que vous vous croyez bien vieux, parfaitement mûrs et complétement infaillibles.

Il fut un temps où tout le monde admettait l'existence d'un Être suprême, beaucoup plus âgé que vous, car on le croyait éternel. Son trône terrestre, c'était l'Himalaya, puis une autre montagne et ainsi de suite. Mais un être sans origine ni sans fin, votre raison n'a pu le concevoir. Vous avez essayé de l'abattre. Avez-vous réussi ?...

Il fut un temps où l'on admettait l'existence d'un Esprit. Sa demeure, c'était l'infini. Les Moleschott, les Vogt, les Büchner, les Littré, ont dit que cette croyance est absurde. Ils ne faisaient que répéter ce que quelques savants grecs tâchaient de prouver il y a trente ou quarante siècles de cela. C'est égal ! La foule ne regarde pas de si près. C'était du nouveau pour les ignorants. Cependant quelques-uns d'entre vous se rangèrent de leur côté. Ne pouvant toucher du doigt cet Esprit incompréhensible, ni le soumettre aux analyses de votre scalpel, vous avez fait tout votre possible pour l'anéantir. Vous lui avez substitué *la loi de la nature*. Mais qui l'a créée? D'où est-elle sortie? Qu'est-ce que c'est que cette loi? Vous n'avez jamais su répondre à ces questions si simples.

⁎

Du sommet de l'Himalaya on transporta le trône de l'Éternel au sommet du mont Sinaï. On offrit aux hommes les lois écrites. Il paraît que le genre humain n'était pas préparé à les recevoir, puisqu'on en brisa les Tables. Plus tard, vous avez fini par en détruire la tradition. Vous avez nié jusqu'à l'existence du législateur.

Les lois furent foulées aux pieds. On adorait le bœuf, la force brutale sous toutes les formes imaginables.

L'idéal était prêt à disparaître. On le trouva dans le marbre. Mummius le broya de son marteau de vainqueur.

⁎

Sur les décombres du temple de Jérusalem s'étendit le glaive de la domination universelle. Vous l'avez appelé *le Code des lois*.

Votre Dieu, c'était César. Vous n'avez pas cessé de l'adorer.

⁎

Jésus vint au monde. On le crucifia. Vous dites que

ce n'est pas vrai. Quelques-uns d'entre vous prétendent que Jésus n'a jamais existé; d'autres, plus modérés, veulent prouver que c'était un habile charlatan, un magnétiseur et même un fourbe?... Passons!

Bref, peu à peu on commença à détruire tout ce que les croyances avaient bâti. L'Évangile était en danger. L'épée devait le soutenir.

On souffla; on mit un peu d'huile sur la tête des empereurs d'Allemagne, et les Nérons, les Césars ressuscitèrent. On ne s'attendait pas alors que leur progéniture survivrait des siècles et embrasserait l'Europe, de Rome jusqu'à Berlin.

* *

Du sein du christianisme surgit *l'honneur*. Son origine était en Palestine. La chevalerie dégénéra en brigandage.

* *

Pour sauver le principe du catholicisme on alluma le bûcher, grand comme presque toute l'Europe; puis on le transporta sur l'autre hémisphère. Ceux que l'on brûlait au nom de Dieu et qui criaient de douleur, furent accusés de n'être que des mécréants. On sauva le catholicisme, mais le christianisme n'y était plus

* *

Bientôt le siége apostolique chancela. Il fallait en revenir à *l'autorité*. Nogaret, de sa main de fer, lui donna des soufflets.

Savonarola, Huss, Wicleff, voulurent la sauver chacun à sa manière. Ils furent condamnés et exécutés.

Luther lui donna le coup de grâce. Heureux de son triomphe, il s'enivrait avec ses apôtres, composait des

chansons lascives et se prosternait devant un prince.
Vous applaudissiez.

* * *

L'œuvre de Luther fut achevée par la « *freie Bibel-
orschung* » confiée aux idiots. C'était *l'émancipation*.
Le globe fut submergé de flots de sang. Ils n'ont pas
tari jusqu'à présent. Au contraire, ils ont encore augmenté.
Qu'avez-vous fait pour les retenir ?
Vous avez commencé par faire la guerre à Dieu. Les
philosophes « libéraux » flattaient les monarques au
nom de la liberté des peuples, et proclamaient *l'égalité*
du fond de leurs châteaux.

* * *

Dieu fut détrôné. Une grasse fille publique, traînée par
des taureaux, l'a remplacé. Elle devait régir l'humanité.
C'était votre enfant légitime.
Oh ! ne dites pas que ce délire du peuple ne fut qu'un
épisode spontané. C'était le fruit de vos doctrines, en-
gendré par la lutte de l'autorité que vous avez détruite
avec le monarchisme que vous avez rendu inévitable.
Sur les débris du christianisme, du gouvernement et
de la moralité, s'éleva le temple de *la Raison*. Son arme,
c'était la guillotine fraternelle, non moins effroyable
que le bûcher et l'épée.

* * *

Le temple de la raison croula bientôt. On arbora le
drapeau de *la gloire*.
Waterloo fut sa tombe.

Et qu'avez vous fait depuis ? Les idéologues allemands encourageaient la rapine et sanctifiaient les alliances infâmes, au nom de la civilisation.

*
* *

Les mots : *liberté*, *nationalité*, *patrie*, retentirent parmi tous les peuples. On les noya dans l'encre de Vienne, de Carlsbad, de Troppau, de Laibach, de Vérone. On substitua la volonté des monarques aux droits des nations. Les cachots de Venise, de Naples, de Kufstein, de Schlüsselbourg furent remplis des défenseurs des droits de l'homme.

Vous y avez contribué en propageant le cosmopolitisme.

« Plus de patrie ! Plus de nations ! Il n'y a que la société. » Tel était votre mot d'ordre. On vous répondit : « Et les trônes ? »

*
* *

Tous les liens commençaient à se briser. Vous aviez peur. Il fallait trouver quelque planche de salut. On eut recours à la conscience. Les malfaiteurs qui en furent gênés proclamèrent la *liberté de conscience*, sans préciser ce qu'il fallait entendre par là. La libre conscience consistait à n'en avoir pas du tout.

*
* *

A la violence du glaive d'en haut et de la foule effrénée d'en bas, on se hâta de remédier en semant l'idée *d'individualisme*. « *Das absolute Ich* » devait décider de tout.

Ce fut une belle proie pour les despotes. *Divide et impera !*

*
* *

Les individus « savants, » les naturalistes parvinrent
à prouver aux imbéciles que l'existence d'un Esprit quelconque n'est qu'une chimère, une hallucination, ou bien,
si l'on veut, « la synthèse des actions des hommes et
de la sensibilité de leurs nerfs, » tandis que l'homme
n'est autre chose qu'un animal un peu amélioré dans sa
race simiane.

Des applaudissements frénétiques accueillirent cette
« nouvelle découverte. »

« Tout finit avec la mort. Plus d'avenir, plus d'éternité! L'âme est une invention de fantaisie pour effrayer
les méchants. » Par conséquent, plus de conscience, plus
de responsabilité! Chacun est libre de faire ce qu'il
veut.... pourvu qu'il paye des impôts et aille se faire tuer,
quand on le lui ordonne. Telle est la doctrine d'aujourd'hui. Qu'est-ce qu'il en résulte ?... *Nihil*. Vous l'ap-
pelez *positivisme*.

* *

Voilà en peu de mots le précis de l'histoire du genre
humain et de celle des systèmes philosophiques, au moins
de ceux qui ont été adoptés dans la vie publique. Quiconque connaît ces systèmes n'ignore pas que les aberra-
tions des matérialistes sont vieilles comme l'humanité.
On le leur rappelle. Cela ne décourage pas ceux qui ont
tant de plaisir à abrutir la société.

* *

Idéal, christianisme, honneur, autorité, raison, gloire,
nationalité, patrie, conscience, sont en ruines. La liberté
n'est qu'un vain mot. Les uns s'engraissent aux dépens
des autres. Le canon Krupp est le seul dominateur du
monde entier. Il n'a de rival que le pétrole!

Voilà où nous en sommes.

Et avez-vous jamais sondé les plaies de l'humanité ? Avez-vous trouvé un remède pour soulager au moins ses souffrances ? Les maux n'ont fait que changer d'aspect.

Misère que votre science matérialiste !

Mais les autres philosophes, tout en combattant leurs adversaires, en sont-ils plus avancés ? Les métaphysiciens surtout ?

* *

Un profond penseur a dit ces paroles pleines de sagacité : « Quand les idées, que l'on nomme souvent utopies, sont l'expression des lois qui régissent l'humanité, bien qu'elles soient irréalisables pour le moment, l'avenir leur appartient. » (F. Laurent. *Études sur l'hist. de l'hum.*, t. VI., p. 360.)

On ne fait rien sans risquer quelque chose. Et quand on a la conviction des idées que l'on avance, pourvu qu'elles soient interprétées de bonne foi, on ne craint plus les critiques ni les philosophes.

Les critiques ?... Où sont-ils ? Le dernier a toujours raison. La foule suit leur Panurge. Il n'y a plus de vérité, ou plutôt il y en a autant que de têtes. Et qu'est-ce qui me dit que les critiques sont dans le vrai ?

Les philosophes ?... Êtes-vous bien sûrs, très-chers confrères, d'avoir une autorité que rien n'ébranle ? Par conséquent, entendons-nous et n'imitons pas les augures. Notre sourire pourrait scandaliser le public.

Dussiez-vous me proclamer apostat, ennemi de la science, esprit rebelle et obscur, j'affirme hautement que la philosophie sans la politique, que la science abstraite qui n'a point pour but l'affranchissement de l'homme de toute espèce de servitude n'est qu'une bulle de savon,

C'est un jeu d'enfant, quelquefois dangereux, souvent poussé à la manie.

Dussiez-vous m'accuser d'une présomption inouïe, d'une témérité ridicule, je ne craindrai pas de dire que la philosophie appliquée à la politique, telle que je la présente ici (*mutatis mutandis*), c'est la philosophie de l'avenir.

Vous êtes capables de me lapider. Tant mieux ! Mon tombeau n'en sera que plus élevé.

24 octobre 1874.

PEUPLES D'EUROPE !

Un chaos monstrueux règne partout. L'iniquité grandit tous les jours. La société entière est au bord d'un abîme. Personne ne saurait le contester.

N'y a-t-il aucune planche de salut ? Resterons-nous les bras croisés, jusqu'à ce qu'un déluge de tous les maux imaginables vienne nous engloutir ?

Quelles sont les causes de cette situation terrible ? Cherchons un remède !

Tel est précisément le but de mon travail.

Pour sortir de ce dédale où nous sommes, il ne nous reste qu'une seule issue : c'est *le chemin des lois naturelles*.

Vous allez vous en convaincre, j'espère, après avoir attentivement examiné ce petit livre.

Je veux vous indiquer ce sentier depuis longtemps abandonné, pour prouver en même temps : que la cause essentielle de tous les maux, c'est la violation des droits de l'homme ; et le seul moyen de créer une existence paisible à l'humanité se trouve dans sa nature même.

J'ai fait paraître en 1867 un ouvrage dédié aux malheureuses victimes de l'oppression, de la misère et de l'ignorance. Les ouvriers éclairés de Paris m'ont fait l'honneur de lire « *La Décadence de l'Europe* » dans de grandes réunions. Il m'est donc permis de dire avec le prophète :

« Mon Dieu! J'ai révélé votre justice dans une grande assemblée et j'ai résolu de ne point fermer les lèvres. Seigneur! vous le connaissez. » (Psaume XXXIX.)

Mais cet ouvrage est trop volumineux pour être accessible à tout le monde. Afin de rendre plus populaires les faits allégués et les idées que j'y ai développées, je vous présente maintenant le tableau succinct de la situation actuelle de notre société, et le résumé du *système politique* qui, méconnu jusqu'à présent, est tracé par la main du Créateur dans la nature du genre humain.

Ceux qui, grâce à la mauvaise organisation de l'instruction publique, ne sont pas en état de saisir tous les détails de mon livre publié précédemment, n'auront pas de peine à comprendre les conditions de l'existence normale dans ce précis des lois éternelles, immuables, mais violées.

Tout esprit pur et libre y verra la série des principaux droits de l'homme et la continuité admirable qui les distingue. Étudiez-les. La science des droits de l'humanité, c'est le catéchisme des nations.

Cet opuscule ne contient rien qui ne soit conforme à la liberté raisonnable et pratique. Malheureusement on n'a que trop abusé de ce mot sacré, et l'on a vu commettre les crimes les plus atroces au nom de la liberté et du progrès.

Jamais l'intérêt des peuples n'a été plus gravement compromis que dans les derniers temps par les communards de Paris. Ces malheureux, qui se paraient du titre glorieux de défenseurs de la patrie, ne réussirent qu'à aggraver l'oppression générale, par des excès infâmes et inouïs.

Il faut bien l'avouer, ils y furent poussés par le désespoir, à la vue des machinations odieuses, tendant à leur imposer le joug qu'ils abhorraient. Mais les hommes de mauvaise foi se crurent dès lors autorisés à confondre.

les vrais apôtres de la liberté avec les démagogues qui abrutissent le peuple. Quoi qu'il en soit, rien ne saurait justifier un crime.

Il y a parmi vous une immense quantité de partis, soi-disant politiques et libéraux, qui ne méritent ni foi ni confiance, qui foulent aux pieds tout ce qui est sacré. La plupart d'entre eux ne méritent pas d'être pris au sérieux. C'est un abîme d'idées contradictoires, les unes plus insensées que les autres. Mais il est impossible de ne pas attirer l'attention publique sur une dénomination fausse, qui a cours dans le monde et qui, basée sur des notions erronées de la liberté, renferme une source inépuisable de dissensions. Il s'agit d'un principe nommé généralement : « Démocratie sociale. » Je ne connais rien de plus dangereux pour la liberté des peuples !

Qu'est-ce que la démocratie ? C'est un privilége ! C'est un élément tout aussi hostile à la liberté que le privilége de l'aristocratie. La dignité de l'homme demande quelque chose de plus que la démocratie ! Elle demande la liberté raisonnable et vertueuse pour tout le monde.

Qu'est-ce que la société ? C'est quelque chose de vague, d'indéfini, s'il n'y est point question des hommes, des nations. Il n'y a pas de société sans nation, comme il n'y a pas de nation sans hommes. Donc, si le mot social est pris dans le sens qui exclut la patrie, il n'a aucune signification. Le socialisme est une absurdité. Le patriotisme est tout.

Liberté nationale ! Voilà ce que l'on peut comprendre. Mais il y a un parti politique qui a pris ce nom. Qu'en a-t-il fait ? Un prétexte odieux pour opprimer les autres nationalités subjugées par la force du glaive ! Ces hypocrites égoïstes et perfides sont d'autant plus dangereux, qu'ils semblent agir au nom du progrès, tandis qu'ils ne font que l'arrêter.

L'émancipation de toute la société est le but des travaux politiques, et non le commencement. Il faut commencer par rendre la liberté aux hommes et aux nations, et la société tout entière sera libre d'elle-même.

Il se trouve parmi vous des hommes qui, tout en proclamant la liberté générale, ne respectent pas le principe et les droits de nationalité, et vous inspirent le mépris des races étrangères. Ces hommes ne sont que les esclaves de leurs passions et ne représentent qu'une forme particulière du despotisme. Quel est le bien plus précieux que la jouissance de la liberté et de tous les droits qui en résultent? Comment y parvenir si ce n'est à l'aide d'une entente mutuelle et d'une union complète? Si l'amour du prochain n'est qu'une illusion, comment pourrait-on vous unir, si ce n'est par l'intérêt commun? Est-ce donc la destinée des hommes que de s'entr'égorger mutuellement? Et ces armées formidables que nous voyons en Europe, sont-elles donc une preuve d'une civilisation plus avancée, ou bien un témoignage éclatant que les Européens deviennent tous les jours plus méchants, plus barbares, plus féroces?

Il y a encore une question très-importante sur laquelle je voudrais fixer l'attention de quelques-uns de mes lecteurs. On a l'habitude de nommer exclusivement « ouvriers » ceux qui travaillent de la main. C'est une grande erreur. On se figure qu'un bûcheron, un charpentier, un menuisier, un maçon, un forgeron, un portefaix, etc., est un véritable ouvrier et le seul qui appartienne à la classe digne d'un meilleur sort. Un laboureur, travaillant infiniment plus qu'un citadin qui gagne souvent cinq francs par heure, n'est point protégé par les savants économistes et prétendus philanthropes, bien qu'il ait à peine de quoi entretenir sa famille. Et un écrivain, un fonctionnaire, un peintre, un acteur, n'est-il pas ouvrier comme un autre? Un bottier

ignore qu'il est souvent mieux soldé qu'un professeur,
et maint philosophe envie le sort d'un simple roturier.
Une classe protégée exclusivement devient une caste et
finit par être nuisible à la société.

L'association dite « internationale » peut faire beaucoup plus de mal que de bien, et ne manquera pas de
devenir l'épouvantail des nations pour lesquelles elle est
censée travailler, si elle persiste à suivre le chemin
qu'elle a pris, en inspirant la haine de certaines classes,
au lieu de propager l'union basée sur les principes de la
liberté générale et des droits nationaux.

Enfin, voici encore un point cardinal, non moins
grave, et peut-être plus grave que tous les autres. Quelques demi-savants prétendent que la religion a fait son
temps. Les matérialistes s'efforcent de prouver qu'il
n'existe ni âme ni esprit. D'autres supposent que l'âme
meurt avec le corps. Ces efforts insensés datent depuis
deux mille deux cents ans. L'athéisme est également
vieux comme le monde. Voltaire a dit : « Si Dieu n'existait pas, il faudrait l'inventer. » Or, celui qui renie Dieu,
qui ne professe aucune foi, qui, par là-même, détruit la
morale, est plus qu'un fourbe, plus qu'un despote ; c'est
un tyran des plus redoutables, parce qu'il creuse un
abîme qui peut engloutir la société entière, parce qu'il
ne reconnaît que le droit de la force brutale, parce qu'il
renverse l'ordre naturel et ravit aux malheureux toute
consolation, jusqu'à l'espérance.

N'oubliez donc jamais que les despotes ne sont pas
seulement ceux qui abusent de leur pouvoir, mais aussi
ceux qui répandent des idées contraires aux droits
suprêmes de l'humanité. Évitez soigneusement tout ce
qui compromet votre autorité et ralentit la marche
paisible du progrès. Gardez-vous bien de confondre vos
amis avec des intrigants ambitieux et pervers.

Au nom de la lumière et de la vérité, au nom des

droits éternels et du progrès, j'engage tous les souverains
à des concessions, tous les hommes à l'entente mutuelle,
à la concorde. Les monarques, — j'en atteste l'histoire, —
n'auront pas de repos tant qu'il y aura une seule nation,
une seule classe opprimée. Les peuples ne seront pas
libres tant qu'il y aura un seul despote en Europe.

AVANT-PROPOS

Le désarmement ou la révolution, la paix ou la guerre?
Voilà la grande question que nous entendons répéter tous
les ans.

Les troubles agitent l'Europe; les peuples sont mécon-
tents; le parti que l'on nomme révolutionnaire relève la
tête; tout le monde attend avec anxiété le dénoûment du
drame qui dure trop longtemps. Chaque nation sent qu'il
lui manque quelque chose, que l'air qu'elle respire ne suffit
plus à son organisme.

D'où vient donc ce malaise général? On a dit: « L'état
de l'Europe est maladif et précaire. » La réalité affirme ces
paroles d'une manière qui devrait épouvanter la société
entière. Les peuples voudraient quitter ce lit de Procuste
où les ont mis *les traités* faits sans leur consentement et
les constitutions octroyées comme une faveur et non comme
leur droit.

La misère des classes ouvrières en Angleterre à côté du
luxe effréné des grands est arrivée à son comble. On y comprend déjà que l'oligarchie des riches, qui trompent le
peuple en lui donnant une liberté apparente, est un joug
intolérable. Les Féniens manifestent leur impatience d'une
manière de plus en plus marquée. En Espagne, la révolution, on peut le dire, est en permanence; et la guerre fra-
tricide souille ses provinces. Les Allemands commencent
à s'apercevoir qu'ils n'ont rien gagné en changeant le joug
des petits despotes contre l'absolutisme militaire d'un
seul, et leur fierté nationale souffre de voir la patrie des

anciens libérateurs de l'humanité descendue à figurer dans le système politique comme une pépinière de souverains rétrogrades. Ils comprennent enfin que la soumission à la bureaucratie et au premier prédicateur venu, que la liberté transcendante dans les nues de l'imagination professorale et le *Zollverein* ne sont pas encore une garantie de la liberté pratique. L'Italie ne peut plus supporter le despotisme du clergé, ni la domination des conspirateurs diplomatiques.

Les Grecs, égorgés depuis tant de siècles, réclament vainement le secours des peuples chrétiens. La Pologne, cette martyre centenaire, reste là, dépouillée et étendue comme un remords vivant pour les complices éclairés plutôt que pour ses assassins barbares. Les Slaves sentent leurs forces et se soumettent difficilement aux cours de Vienne et de Constantinople. Les Tchèques hésitent entre l'avilissement et l'indépendance. Les Moscovites n'attendent que le moment propice pour détruire l'anarchie érigée en système et laver leurs souillures. Les Scandinaves songent à secourir leurs compatriotes dénationalisés.

La centralisation absorbe toutes les sèves de l'organisme social; les capitalistes vivent au détriment des villes et des campagnes; la disette augmente; les impôts et les dettes grandissent; les armées défendent les usurpateurs; le commerce est entravé; le monopole s'étend; l'usure ronge le peuple; les fabriques chôment; les capitalistes font banqueroute; les fourbes ramassent des capitaux; les journaux trompent le public; la morale est en décadence; la religion n'est plus qu'une forme; le fanatisme s'accroît; le jésuitisme ressuscité relève la tête; l'athéisme réactionnaire se répand dans toutes les classes; les cultes non-officiels sont persécutés; les passions débordent; les trônes chancellent..... La force règne partout!..... L'idéal est éclipsé!..... L'Europe est abaissée!.....

Nous en sommes arrivés à ce point qu'on nous annonce

officiellement une guerre qui doit durer au moins cinquante ans! C'est le général de Moltke qui l'a dit au Parlement de Berlin. Et c'est plus que probable! Je n'ai pas la prétention de prédire; je raisonne simplement, car le calcul saute aux yeux. Un tel état de choses ne peut durer longtemps. La vieille Europe est minée par les conspirations secrètes. Les conséquences de cette situation anormale sont inévitables. La société veut sortir de cette fange de sang, de larmes et d'atrocités sans nom. Et elle en sortira.

Mon ouvrage sus-mentionné embrasse toutes les questions vitales ayant rapport à l'organisation actuelle des peuples. C'est un traité scientifique qui devrait porter le nom de *Philosophie appliquée à la politique*. Comme j'y ai joint un tableau de notre époque, en guise d'avertissement aux souverains et aux peuples, il m'a semblé préférable de lui donner le titre de : *la Décadence de l'Europe*. Les moyens qui me paraissent les plus propres à préserver la société d'un cataclysme et à assurer aux nations à tout jamais une existence paisible, sont développés dans la seconde partie de cet ouvrage. Les idées de Montesquieu y sont déployées et appropriées aux besoins de nos jours. Puisque *la liberté* est le point de départ et la base de mon raisonnement, je crois avoir été d'accord avec mes principes en conseillant aux nations de créer la forme de gouvernement qui leur conviendrait le mieux, tout en sauvegardant leurs droits avec la plus grande précaution possible. C'est dans ce but que je propose l'*alliance des amis de la liberté*.

Afin de rendre *le système politique naturel* plus accessible à ceux qui n'ont pas le loisir de lire en entier mon ouvrage, et voulant en même temps lui donner une forme populaire, j'en ai fait un extrait renfermant les *thèses principales*, que je crois avoir prouvées ou qui méritent d'être discutées. Ces thèses sont puisées dans les lois de la nature; voilà pourquoi elles méritent le nom de *Catéchisme social*.

2

Le désarmement est inévitable ; mais, pour y parvenir, il faudrait s'assurer qu'il n'y eût en Europe aucun motif de guerre. L'unique moyen de faire marcher la société sur la voie paisible du progrès, c'est d'élever contre la puissance des conquérants ambitieux ou avides *l'union invincible des nations libres.* C'est là *l'équilibre social,* le seul vrai, le seul pratique, le seul durable. Tout autre équilibre ne saurait assurer la tranquillité ni aux peuples, ni aux dynasties.

Il est impossible de mieux imaginer l'organisation politique des États pour détruire tout ordre social que celle qui existe actuellement. Quelques exemples le prouveront. C'est un chaos monstrueux.

Il n'y a jamais eu au monde d'empire qui s'étendît dans toutes les parties de la terre comme la *Grande-Bretagne.* Elle surpasse en étendue et en population l'ancien empire romain, et comprend trois fois autant d'habitants que la monarchie du tsar. Voici une table comparative :

L'empire romain. . .   75,000 lieues car.   120,000,000 d'habitants.
L'empire moscovite. .   400,000   —   90,000,000
La Grande-Bretagne.   237,000   —   300,000,000   —

Répartition de la population de la Moscovie, de la Sibérie, de la Finlande et de la Pologne sous la domination du tsar entre les différentes religions.

Grecs dits orthodoxes (y compris 8 millions enlevés à l'Église romaine).	62,749,000
Schismatiques (Rascolniki).	829,000
Catholiques romains.	7,000,000
Protestants.	4,000,000
Israélites.	2,000,000
Peuples sauvages { Mahométans.	13,400,000
{ Confessions diverses. . .	300,000
Total approximatif.	99,000,000

« Dans cet empire, au ministère de la guerre, sur cent huit employés et hauts fonctionnaires (généraux), on compte quarante-six Allemands, trois Grecs et deux Tartares. *Vingt* divisions d'infanterie sur *quarante* sont commandées par des étrangers, pour la plupart d'origine allemande. *Quatre* divisions de cavalerie sur *huit* sont commandées par quatre généraux d'origine étrangère, dont un Allemand, un Anglais, un Français et un Tartare. » (En 1870.)

Population de l'Autriche d'après les nationalités.

On compte en Autriche sur trente-six millions d'habitants :

Slaves.	17 millions.
Allemands.	8
Romans.	3 1/4
Magyars.	5 1/2
Autres races.	1 3/4

Répartition de la population de la Turquie d'Europe entre les différents cultes.

En Turquie, le nombre d'habitants n'est pas exactement connu ; cependant, il est certain que sur les onze à douze millions de sujets du sultan en Europe, il n'y en a pas un quart qui professe l'islamisme.

Grecs et Arméniens (?).	10 millions.
Catholiques (Grecs unis, Arméniens unis, etc.)	1 —
Musulmans (?).	2 à 2 1/2
Juifs.	70,000
Tsiganes et autres.	260,000

*Population de la Turquie d'Europe d'après les nationalités,
y compris les États tributaires.*

Slaves.	environ	7,000,000
Romans.	—	4,000,000
Grecs. . , ...	—	1,000,000
Albanais.	—	1,500,000
Turcs ou Osmans (?).	—	2,000,000
Tartares.	—	25,000
Arméniens, Tsiganes, etc. . . .	—	400,000

Ces monarchies, dont les habitants n'ont aucun lien qui
les unisse, ni nationalité, ni religion, ni intérêt commun, sont
une anomalie dans l'organisme social. Si le tsar eût voulu
comprendre que sa mission est de civiliser l'Asie, non par
des conquêtes, mais par des rapports internationaux; si
l'empereur d'Autriche eût saisi le moment opportun qui se
présentait pour devenir avant peu le monarque des *quarante millions* de Slaves, au lieu d'aspirer au trône d'Allemagne, n'ayant que huit millions d'Allémands parmi ses
sujets; si les cabinets des États prépondérants eussent
décidé que le sultan n'a plus de place en Europe, les
nations auraient encore pu avoir quelque confiance dans
la politique des souverains et de leurs ministres. Mais cette
politique, source de tant de maux, a fait son temps. Maintenant, c'est aux nations qu'il appartient de reconstruire
l'édifice social délabré.

Il est impossible de débrouiller dans ce chaos, où les
races et les nationalités sont confondues, le nombre exact
de la population au point de vue *ethnographique*. La statistique ne nous offre, à cet égard, que des données incer-
taines. Les rapports officiels et les auteurs les plus consciencieux ne sont pas d'accord avec eux. Toutefois, il suffit
de prendre les chiffres approximatifs pour voir que la
nature tendait toujours à garder un équilibre dans la for-

mation des peuples d'après les nationalités. Cet équilibre, détruit par *les divisions artificielles*, peut être reconstitué d'après le plan tracé par la nature.

**

Ma première publication : *La Décadence de l'Europe*, a été accueillie par le public avec beaucoup de bienveillance. Presque tous les journaux progressistes m'ont honoré d'une critique on ne peut plus favorable. Les savants ont feuilleté mon ouvrage. Les ouvriers éclairés et les malheureux l'ont lu. Tout le monde en a entendu parler. Il a été répandu partout, depuis les États-Unis jusqu'au fond de la Sibérie, où il s'est furtivement glissé.

Je n'en suis pas flatté, car ce n'est pas mon mérite. J'en remercie Dieu.

Il s'est trouvé cependant des doctrinaires qui m'ont fait diverses objections. Je leur dois une réponse.

Quelques-uns traitent ma théorie politique d'utopie. J'ai réussi à contenter les hommes sincèrement libéraux, et cela me suffit. Pour me faire mieux comprendre, je n'ai qu'à répéter d'une manière succincte mes principes politiques développés dans le cours de mon ouvrage. *Je ne suis ni royaliste, ni républicain, ni conservateur, ni révolutionnaire, ni aristocrate, ni démocrate;* mais je dis que le désordre actuel ne peut durer longtemps et qu'il faut *réformer la société. Je suis uniquement et exclusivement libéral.* Je n'ai cherché que *la pure, la vraie liberté;* je l'ai trouvée dans *les droits naturels* créés par la main de la Providence et dans *les Évangiles.* Je n'admets d'autre force motrice dans le mécanisme social que celle de *l'intelligence* et de *la vertu.*

D'ailleurs, je ne fais aucun cas de ces esprits serviles et habitués à l'assujettissement, qui envisagent comme une utopie la revendication des droits suprêmes de l'humanité. Ce sont des esclaves et des despotes en même temps.

En ce qui concerne la religion, les uns me reprochent « *de subir le joug du christianisme;* » d'autres vont jusqu'à m'accuser « *d'impiété,* » et cela précisément parce que j'ai signalé les abus du clergé catholique. Voilà la critique au XIXᵉ siècle!...

Un philosophe distingué, tout en faisant l'éloge de mon travail, voulut me prouver que j'aurais dû rompre avec *toute autorité.* J'ai dit dans *la Décadence de l'Europe :* « Ma « seule autorité, c'est la raison libre appuyée sur les faits « historiques. Ma raison m'a convaincu que Jésus-Christ « est l'idéal de l'homme, par conséquent la plus parfaite « image de Dieu incarné et visible, et que son Testament « est l'idéal des lois. Voilà pourquoi je choisis la Bible « qui est, selon moi, la meilleure philosophie pratique, « comme base de la législation. » On me répondit : « Vous pourriez vous contenter de *votre raison,* qui, *appuyée* sur la science et la philosophie, est *la vraie Bible de l'humanité.* » C'est ce que j'ai fait! J'ai cherché *un appui solide* pour ma raison; je l'ai trouvé dans les préceptes de Jésus; mais je n'aurai jamais la prétention de croire que ma raison puisse être « la vraie Bible de l'humanité! » Si chaque raison individuelle pouvait s'arroger le droit de créer un recueil de lois absolument parfaites, il y aurait autant de bibles que d'individualités, c'est-à-dire qu'il n'y en aurait plus du tout.

On me fit encore l'objection suivante : « Rien ne vous oblige à opter entre la loi écrite par les souverains et la loi révélée par Moïse et par Jésus. Vous pourriez, à l'une et à l'autre, préférer celle de *votre conscience éclairée par une raison majeure.* » C'est ce que j'ai fait aussi! Mais *une raison majeure* doit avoir une forme palpable. Sans cela elle ne serait qu'une abstraction. J'ai tâché d'éclairer ma conscience, et cette raison majeure, je l'ai trouvée dans le Nouveau Testament.

Enfin, me dit-on : « Au lieu de chercher votre idéal dans un type *vieux déjà de dix-huit siècles*, peut-être feriez-vous mieux de chercher *en vous-même l'idéal nouveau*. » Ma présomption n'ira jamais si loin et Dieu en préserve l'humanité !

Qu'on me donne un code supérieur à celui que Jésus-Christ nous a laissé en complétant le Décalogue et la loi de Moïse, et je renoncerai à son autorité. En attendant, je m'en tiendrai aux Évangiles.

« Qui êtes-vous donc ? — me demanda un savant archi-catholique ; — on ne sait quelle est votre croyance. Vous attaquez également le catholicisme comme le protestantisme. » — « Mais je n'attaque pas le christianisme, — lui répondis-je, — et je ne suis pas un sectaire. » Si tous les cultes, soi-disant chrétiens, se sont écartés de la loi de notre Sauveur, ce n'est pas ma faute. Aujourd'hui on a fait du Décalogue une lettre morte, on ne comprend plus la vraie religion chrétienne qui est la liberté complète et la charité même ; on ne la pratique point. La religion n'est qu'une forme sans âme. Il suffit d'écouter les divagations de tel ou tel pasteur, qu'il soit catholique ou protestant. Ses paroles, aux yeux du public, ont ordinairement plus d'autorité que celles de Jésus-Christ. La foule fanatisée ne voit pas l'abîme qui les sépare. On confond le clergé avec l'Église, le prêtre avec Dieu. Un blasphème reste souvent impuni ; on ne pardonne jamais à ceux qui voudraient détruire l'ignorance et le fanatisme. D'autre part, les doctrinaires protestants et les soi-disant rationalistes tendent à détruire toute foi religieuse sans en considérer les conséquences. En sont-ils plus avancés ? Il y a beaucoup de dévots, beaucoup de rationalistes, mais très-peu de conscience.

Il serait à désirer qu'il n'y eût qu'une seule religion

catholique c'est-à-dire *universelle*. Ce qu'il y a de positif, c'est que nous en sommes encore bien loin, et je ne puis oublier les chiffres suivants :

Population du globe terrestre

Chrétiens.	400,000,000
Non chrétiens.	992,000,000
Total.	1,392,000,000

Donc, pas même le tiers de la population de notre globe ne professe encore le christianisme, et parmi ceux qui ont été baptisés, combien y en a-t-il qui ne sont chrétiens que de nom ?...

Les catholiques ne forment que la moitié des chrétiens, à savoir : 50 p. 100, et les comparant à toute la population du globe, ils en forment à peu près la 7e partie, c'est-à-dire 15 p. 100.

Chrétiens.

Catholiques romains.	200,000,000
Protestants.	110,000,000
Greco-chrétiens.	80,000,000
Autres cultes.	10,000,000
	400,000,000

Non Chrétiens.

Mahométans.	80,000,000
Juifs.	6,000,000
Païens, Bouddhistes, etc. . . .	906,000,000
	992,000,000

Le bouddhisme compte plus de 500 millions, par conséquent à peu près la moitié de la population universelle,

et beaucoup plus que tous les cultes chrétiens pris
ensemble.

Je demande donc une tolérance absolue. C'est cette
table comparative qui le réclame : « *In necessariis unitas,
in dubiis libertas, in omnibus charitas.* » (Saint Augustin.)

Depuis des siècles on nous dit : Quiconque ne sera pas
baptisé sera *damné*. Mais il meurt à chaque seconde un
homme, 60 par minute, 86,400 par jour, plus de 3o millions par an ! Il résulte de cette doctrine qu'*une vingtaine
de millions* de ces malheureux, qui ne professent pas le
christianisme, augmenteraient *chaque année* les rangs des
âmes damnées, sans compter les pécheurs chrétiens et les
mauvais catholiques ?... Grand Dieu ! Quel nombre épouvantable !

Mais Jésus-Christ n'a jamais proféré les paroles terribles que quelques-uns lui attribuent ; il n'a jamais maudit
personne.

Comment faut-il entendre le baptême d'après l'enseignement de Jésus-Christ, et quelle est la signification du
mot *sauvé*? J'ai tâché de le démontrer à la fin de mon
ouvrage : *la Décadence de l'Europe.* Je me bornerai ici à
poser cette thèse : *le baptême est le symbole du christianisme, et le christianisme est la source de la liberté et du
salut.*

Il y a des hommes qui prétendent que « la société peut
se passer de religion. » C'est comme si l'on me disait :
l'humanité est déjà parfaite ; elle pourrait se passer de
moralité. Les scélératesses augmentent tous les ans, et les
hommes pourraient se passer de religion !!... On ne dis-
cute pas de ces choses-là.

Le matérialisme philosophique que l'on nomme con-
temporain, mais qui est vieux de vingt-deux siècles, trouve
des partisans parmi les ignorants et les demi-savants. Les
conclusions de la science n'autorisent personne pas plus
à exclure Dieu qu'à supprimer l'âme à notre humanité.

Entendons-nous donc, chers lecteurs, et soyez de bonne foi en jugeant mon ouvrage. Le vieil édifice social est pourri et prêt à s'écrouler ; il faut le régénérer. Tout mon système se résume en quatre mots : *Volonté, Union, Liberté, Salut.* Suivez les lois naturelles, soyez purs et justes, vous serez libres. Sans liberté, point de vie éternelle, point de salut. Épurez vos âmes, unissez vos forces, vous sauverez les autres et vous serez sauvés vous-mêmes. C'est là le grand problème du christianisme, l'imitation de Jésus-Christ. Restituez vos droits primordiaux, conservez votre individualité nationale, respectez les droits des autres ; la société renaîtra d'elle-même et vous vivrez en paix. Je vous indique le chemin le plus court pour arriver à l'union et à la liberté universelle.

Bien des personnes ne me comprendront pas encore ; tout le monde ne sera pas de mon avis. Plus tard on ira dans la voie que je trace, plus loin que je n'ai été moi-même. Un jour on mettra sur la tombe de celui qui contribuera le plus à la réorganisation de la société, l'inscription suivante : *Renovatæ societatis fundamenta posuit.*

PREMIÈRE PARTIE

Quelques faits historiques et statistiques, et les principales opinions de l'auteur exposées dans la « Décadence de l'Europe » (1),

INTRODUCTION.

Je ne flatte personne, pas même l'infortune.
La seule autorité pour moi, c'est la raison libre.

Le progrès est très-lent, dévoyé souvent par la mauvaise volonté et la violence, plus souvent encore par une fausse théorie. Il est acheté au prix de nombreuses victimes sacrifiées sans aucune nécessité, contrairement aux lois de la nature et aux droits de l'homme.

Une réforme des principes qui constituent les conditions fondamentales de l'existence sociale est indispensable.

Le bonheur relatif d'ici-bas ainsi que le malheur général de l'humanité sont le fruit de notre *volonté*. Il n'est pas dans la destinée de l'homme de souffrir. Jésus-Christ est mort pour nous *sauver*.

L'activité humaine aurait pris une autre direction, si la

(1) Paris. Librairie du Luxembourg, rue de Tournon, 16. Typ. de Rouge frères, Dunon et Fresné.

société eût été autrement organisée et adaptée à certains
buts raisonnables. La société s'est écartée des lois primordiales qu'elle devait respecter. Voilà pourquoi son état est
maladif et sa direction anormale. Donc il faut rétablir
l'ordre naturel troublé depuis des siècles. Les remèdes
les plus efficaces, et que l'on devrait employer sans le
moindre délai, sont pour ainsi dire des moyens hygié-
niques. Il faudrait aérer ce grand hôpital de la société, y
faire entrer « la lumière à flots; » il faudrait ouvrir cette
énorme prison que l'on nomme l'Europe.

La Chine et l'Europe.

Le premier élan intellectuel des Indiens dirigé vers l'infini, vers le ciel, et exprimé dans leurs anciennes notions
religieuses, se distingue indubitablement par sa *libre
direction*. Les monuments de leur littérature nous démon-
trent d'une manière incontestable que *les sociétés primitives*, au moment de leur naissance, tâchaient toujours de
conserver *la liberté* qui est *le premier droit* de l'homme,
déposé dans sa nature par la main de la Providence. Les
idées des Chinois, au contraire, liées avec leurs traditions
et leurs institutions religieuses qui les attachent à la terre
exclusivement, leur inculquèrent une obéissance aveugle,
non aux lois, mais au monarque qu'ils confondirent avec
Dieu. Ces deux directions opposées de l'esprit humain
sont évidentes. Plus tard, aux Indes comme en Chine,
apparut l'esprit de *violence*, ennemi éternel de tout progrès et de toute liberté; l'esprit *d'orgueil*, dirigé par les
passions, établissant l'esclavage et lui-même *esclave des
désirs illicites*; en un mot, *le mauvais esprit* sous forme
de *dynastie* (p. xxviii).

L'expression chinoise : « *le Fils du Ciel* » appliquée au souverain, veut dire presque la même chose que l'expression européenne : « *par la grâce de Dieu.* » De là cette opinion, appartenant aux temps mythologiques, que le monarque est le *père* de la nation qu'il gouverne, et, comme magistrat de Dieu, il a sur elle un pouvoir extraordinaire. Une autre opinion qui n'a jamais cessé d'être la source intarissable d'une foule de guerres, c'est la supposition que le pays est une *propriété* du monarque, propriété *héréditaire* ou acquise par *la force du glaive*, et en tout cas *légale*. Cette idée date de l'époque où l'homme ne différait point d'une bête sauvage. Néanmoins, la force du glaive est appelée aujourd'hui par des ministres que l'on nomme savants politiques du *fait accompli*.

La troisième idée qui a pu naître seulement dans l'organisme enfantin de l'humanité ou dans un état de constitution maladive est la supposition ridicule que la dynastie a le droit non-seulement de *disposer* du pays, mais de gouverner la nation d'après *la volonté* du souverain régnant. Cette opinion est la conséquence de la manière d'envisager le pays avec ses habitants comme propriété des souverains. Ces trois principes constituent l'âme de la vie politique de l'Europe qui, sous ce rapport, ne s'est point écartée de l'organisation établie par les petits-fils de Noé (p. xl).

De même qu'en Europe, l'empereur chinois possède beaucoup de titres très-longs comme celui-ci : *Dschin-tschong-shui-hoang-ti-Tient-se*, ce qui répond aux titres européens : *très-puissant, allerhœchste, allergnœdigste, allerweiseste, wsiepreswietlejszij, dierzawniejszij*, etc. En Asie et en Europe, les arrêts officiels sont proclamés « au nom de l'empereur. » Le conseil extraordinaire qui entoure le souverain chinois se compose de membres de *la dynastie régnante*. Ceux-ci ne s'appellent pas *grands ducs*, titre qu'on donne en Europe aux *petits* enfants qui sont encore au berceau, mais ils portent le nom d'*enfants du soleil*.

Le suprême conseil d'État est composé de *mandarins* ou *nobles* supérieurs. L'administration du pays est soumise à six ministres, dont le premier s'appelle *callao*. Les provinces sont gouvernées par des *lieutenants* de l'empereur qui ont le même pouvoir qu'en Europe les *préfets*, *statthalter*, *gouverneurs*, etc. *La canne de bambou* en Chine n'est autre chose que ce que l'on nomme en Europe *l'ordre du cabinet*, *Erlass*, *Befehl*, *oukase*, *hatti chérif*, etc. De même qu'en Europe, le changement du *premier ministre* ou *callao* en Chine se fait sentir dans tout l'État, ébranle toutes les classes des fonctionnaires et donne une autre direction au système de la machine monarchique. « La crise ministérielle » des pays soi-disant civilisés, c'est la vibration du bambou européen.

Les *cérémonies chinoises* ressemblent beaucoup à celles des cours d'Europe. La vie des Chinois porte le caractère officiel. Il n'y est pas permis de vivre à son bon plaisir. Il y a des règlements pour tout, décrétés par le gouvernement; chacun doit les suivre strictement. La sagesse bureaucratique et celle de la police tiennent tous les habitants dans l'obéissance complète et leur rappelle à chaque instant la domination du bambou.

Bien que l'érudition chinoise diffère de celle d'Europe, l'éducation publique est officielle et elle ne jouit pas de plus de liberté que chez nous; elle est restreinte par des règlements et *conforme aux besoins de l'absolutisme monarchique*. En Europe, *les lois sur la presse* sont soumises à la volonté du souverain ou du premier ministre; en Chine, le gouvernement trace le programme des études, leur pose des limites, procure des livres élémentaires et veille attentivement à ce que les cours scolaires ne dépassent point les bornes fixées.

Il y a en Chine une « *Constitution* » qui rend l'empereur

« *responsable* » et dépendant de règlements et d'avertissements s'il a envie de violer son devoir envers la nation; mais comme le droit de lui faire des avertissements ou de lui rappeler des règlements qui l'obligent est *octroyé* par l'empereur lui-même aux fonctionnaires qui, outre cela, peuvent recevoir une quantité de coups de bambous également *octroyés*; il résulte que la Constitution n'offre aucun inconvénient pour le monarque.

Les Allemands acceptèrent les constitutions que les empereurs d'Allemagne, les rois de Prusse, sans en exclure les principicules, « *daignèrent leur octroyer* » comme une faveur spéciale. Les souverains anéantissent ces chartes soi-disant libérales toutes les fois qu'il est de leur intérêt de les abolir. Les Allemands s'y soumettent sans murmurer (1).

La religion des Chinois, tout à fait comme en Europe, n'est autre chose qu'un instrument politique et sert au gouvernement de prétexte pour réaliser les vues personnelles du souverain. Mais en Europe, celle-là est envisagée la meilleure qui est professée par le monarque. Les autres sont plus ou moins persécutées. En Chine, on tolère toutes les croyances; les clergés des divers cultes, comme ceux de Confucius, de Laotsee et de Fo y vivent en parfait accord. En Europe, au contraire, les ministres protestants haïssent les prêtres catholiques, et ceux-ci ne supportent pas le clergé des autres confessions. Mais ils se croient tous chrétiens!

Toutes les institutions sus-mentionnées furent introduites en Chine environ 2,200 ans avant Jésus-Christ. Elles entravèrent définitivement la marche du progrès paisible et normal. Nous les voyons néanmoins pratiquées jusqu'à nos jours non-seulement en Asie, mais en Europe.

(1) « An mein Volk » est une expression officielle et généralement reçue, que les Allemands supportent sans rougir.

La *centralisation*, le plus grand fléau de la société, cet ennemi horrible du progrès, a toujours été une des principales causes du paupérisme en Chine, qui ne diffère pas beaucoup du paupérisme européen de nos jours, malgré les palais splendides d'expositions universelles construits pour cacher les guenilles de millions de mendiants en Angleterre, en Irlande, en Espagne, à Naples, à Rome, en Autriche, en Turquie, en Grèce, etc. Or, les Indiens devancèrent les Européens par leur méthode de gouverner le pays. Vingt siècles avant Jésus-Christ, *la décentralisation* ou le pouvoir *autonomique* provincial fut la source de ces richesses énormes qui attirèrent de tout temps les avides conquérants jaloux de posséder le globe terrestre. L'autonomie en Europe, de même que la constitution *octroyée*, est envisagée comme « une faveur spéciale » du souverain. Chez nous, ce ne sont pas les représentants des nations qui décident des frontières de leur patrie, de l'instruction du peuple, des finances, de la guerre, de l'avenir, mais les souverains pour la plupart non élus ou élus par voie anormale et les *callaos* européens, les mandarins, les ministres dont les peuples n'ont jamais entendu parler. Les élections sont tellement organisées que les députés des Chambres législatives dépendent toujours des membres du gouvernement ou des despotes influents qui sont en majorité.

Pourquoi donc les Européens se font-ils gloire de leur civilisation et de leur progrès ? Ont-ils déjà acquis la liberté ? Diffèrent-ils beaucoup des Chinois ? Pourquoi l'Europe se dit-elle libre ? Est-ce parce que le glaive de Damoclès, remis entre les mains de *quatre millions* de soldats, est suspendu sur la tête de ses habitants ? Est-ce à cause des *milliards* qu'elle paye annuellement pour le soutien des armées et des cours ? Est-ce pour les *cent milliards* de dettes qui pèsent sur la propriété de la population beaucoup plus faible que celle de Chine? Est-ce parce qu'elle est hérissée de forteresses, de prisons et de buvettes servant à abrutir le peuple ignorant et misérable? Est-ce parce qu'elle est divisée pour l'entretien des familles dynastiques en beaucoup de grands et petits États qui sont à la merci du premier ministre de Londres, de Berlin ou de Pétersbourg? L'Europe s'appelle-t-elle libre parce que chaque année, dans l'un ou l'autre pays, il éclate une insurrection de nations revendiquant leurs droits? Parce que le sang coule depuis des siècles pour satisfaire l'orgueil des monarques insatiables?

C'est en vain que les admirateurs du progrès s'écrient : « Nous marchons d'un pas rapide en avant.» Il est inutile de répéter : « Le monde marche. » L'humanité avance à pas de tortue. Elle se meut, elle court, elle se presse, mais elle n'avance pas proportionnellement au progrès des sciences. Le progrès n'est que matériel et factice. La morale est en décadence. La dignité de l'homme est foulée aux pieds.

En quoi avons-nous profité des débats philosophiques depuis *vingt-cinq* siècles et des doctrines théologiques soi-disant chrétiennes depuis *dix-neuf* siècles? Ni les vertus, ni le bonheur des hommes d'à présent ne sont plus grands que dans les temps anciens. La sphère des idées s'est étendue et les besoins ont augmenté, mais la société ne trouve pas assez de moyens pour réaliser ces idées et satisfaire ces besoins. L'histoire et la statistique sont là pour démontrer les misères de notre siècle.

Une confusion de Babel règne dans les esprits. *Il n'y a pas une idée souveraine pour guider et éclairer notre grand pélerinage.* Les principes tombent en ruine l'un après l'autre, parce que l'on détruit tout sans rien construire. C'est là la première et la principale raison des misères de l'humanité. Le prétendu rationalisme arbore en vain le drapeau de son pouvoir. Quelle est *l'autorité* d'aujour-d'hui? C'est la force! Les chrétiens actuels, quel que soit

leur rite, ne peuvent être comparés aux premiers confes-
seurs du christianisme; ils ressemblent aux païens en
ignorance ou en fanatisme. Il ne reste au catholicisme,
ainsi qu'à l'Église orientale, que la forme. On ne trouve
ni forme ni esprit dans le protestantisme. Une partie de la
société marchant sur la voie du rationalisme n'a pas fait
de grands progrès, elle s'est éloignée de l'enseignement du
Christ malgré les doctrines soi-disant évangéliques. Le
temple de la société, c'est la *Bourse*.

Puisque la liberté des nations n'a pu être sauvée ni par
la philosophie, ni par la théologie, le despotisme asia-
tique s'est emparé de l'Europe entière. Depuis longtemps,
le *mauvais esprit* venant de l'Asie s'incarnait dans des
individus que certains historiens nomment héros, tels que
Nemrod, Cyrus, Alexandre de Macédoine ; tels que quelques sénateurs et consuls romains, le rusé Flaminius,
Émilius, Mummius, Jules César ; enfin, cet esprit asia-
tique s'identifia avec les empereurs d'Allemagne qui, en
s'emparant de la couronne romaine, songeaient aussi à
conquérir le monde. Le XVIe et le XVIIe siècles, qui ont vu
l'émancipation de la raison, étaient aussi les siècles de
Charles V et de Louis XIV. C'est de cette époque que date
le système de l'équilibre politique des trônes et que
s'ouvre pour les nations un abîme de malheurs. Dès lors
s'étendit généralement *la domination des ministres*. De
Ximénez à Metternich, à Palmerston et à Bismarck, l'histoire de l'Europe n'est pas celle des nations, mais celle
des ministres occupés à soutenir les familles dynastiques.

Les savants ont écrit une quantité de volumes sur le
ciel et l'enfer, sur l'émancipation de la raison et l'autorité,
sur la liberté et l'esclavage, sur les droits de l'homme et
la politique humanitaire, sur l'égalité et la fraternité, et
malgré toute leur sagesse, ils ont laissé s'introniser en
Europe les idées chinoises et assyriennes, d'après lesquelles les pays et les nations appartiennent aux mo-

narqués comme *une chose* dont les dynasties « *ont le droit* » de disposer selon leur volonté!... C'est d'après de pareilles idées que se sont formées les notions erronées du *droit* qui, sortant des écoles, ont passé dans la société entière, et se sont conservées aux salons, à la tribune, dans la chaire, et constituent la base fondamentale du développement intellectuel nommé *l'instruction publique*. Les classes supérieures de la société européenne sont par là même ignorantes.

Quelques autres savants salariés et philologues sans instruction ont inventé des utopies politiques qui ont donné lieu à des polémiques passionnées. Telle est, entre autres, la théorie du *panslavisme*. Elle ne mérite pas d'être prise au sérieux. La combattre, c'est manquer à la raison, parce que cette théorie n'a ni le sens commun, ni l'histoire pour base. Il n'y a plus de Slaves, comme il n'y a plus de Celtes, de Gaulois, de Germains, etc. *La langue slave n'existe que dans les livres ecclésiastiques et n'a jamais existé dans la vie.* C'est une langue morte comme *les peuplades* qui portaient jadis ce nom. Il n'en reste que *les descendants* qui depuis longtemps se sont formés en *nations*, dont chacune a sa propre individualité. Elles devraient fraterniser, dans leur intérêt et non dans celui des dynasties, au nom de leur force vitale d'aujourd'hui, mais pas au nom du spectre d'ancêtres dont l'histoire ne sait rien de positif. Si l'on adoptait le principe des *races*, il faudrait arriver à créer un système politique de *panindianisme, panéthiopisme, panmongolisme*, et remonter jusqu'au déluge.

D'autres, enfin, ont conçu l'idée de former *les citoyens du monde*. C'est ainsi que naquit *la politique humanitaire, le socialisme* ou *le cosmopolitisme*, très-commode aux gouvernements qui songent à envahir le *cosmos*, de même qu'à leurs partisans, système qui n'exige aucun dévouement, sauf l'obéissance aux pouvoirs actuels. Le cosmopolitisme abaisse l'homme au-dessous de l'animal.

Les États organisés d'après les traités conclus entre les dynasties sont le théâtre de troubles continuels et de guerres extérieures qui portent de terribles atteintes à la liberté des nations et au progrès. On a un peu changé les formes, on a inventé des milliers de mots pour cacher les tendances séculaires du *système diplomatique* (1) contre lequel luttent sans cesse des gens instruits et consciencieux, ainsi que les classes opprimées; mais les principes adoptés par les gouvernements et par les ignorants sont ceux qui caractérisaient les sociétés barbares. Notons bien cette vérité incontestable : *Il n'y a pas une seule personne en Europe qui ne porte le joug de ce système et n'en subisse les conséquences.*

La plupart des habitants actuels de l'Europe sont aussi ignorants et aussi malheureux que les Indiens et les Chinois, il y a trois ou quatre mille ans (p. xl, xciv).

(1) *Dyplos*, mot grec qui veut dire faux.

I

Quelques faits historiques

Facta loquuntur.

§ 1. — *Nous voyons dans l'histoire une quantité de fers sous différentes formes.* Les nations s'efforcent de les briser, et, suivant l'élan naturel de l'esprit, elles désirent *la lumière* et *la liberté.* Le monstre des passions, le mauvais esprit, qui aime les ténèbres, fait son possible pour tenir toute la société dans l'ignorance et dans l'obéissance aveugle. Le développement des sciences en général a eu toujours, sans nulle doute, une très-grande influence sur l'état de la civilisation et les degrés de son accroissement; mais les autorités se sont appliquées à donner aux fruits de l'esprit humain une empreinte particulière, factice, *officielle,* en en effaçant les caractères innés, les qualités déposées en eux par la main de la Providence. En d'autres termes, *ce sont les gouvernements qui ont toujours donné à la civilisation universelle une direction anormale.* Ceux qui gouvernent les peuples, bien qu'ils eussent formé une suprématie que l'on nomme ordinairement *autorité,* n'étaient réellement que les usurpateurs du pouvoir. C'étaient de grands criminels, plus dignes du supplice que du pouvoir.

Les monarques ne se contentaient pas de sacrifier les malheureux soldats et de dévaster les pays, ils égorgeaient les hommes après les avoir désarmés. Sans parler des Némrod et des Cyrus, au troisième siècle, pendant le règne de Maximilien, empereur romain, une légion thébaine fut massacrée à Agaune, dans les Alpes. Quatre mille vétérans pleins de vigueur, armés de lances et d'épées tombèrent égorgés comme des agneaux. Les historiens soi-disant critiques impartiaux, entre autres Voltaire, n'ont point voulu ajouter foi à cette atrocité, comme si l'histoire ne nous présentait pas de pareils exemples par milliers. Théodose, nommé le Grand, fit égorger, au quatrième siècle, toute la garnison de Thessalonique. Charlemagne, cette idole des monarques, passa au fil de l'épée dix mille Saxons sans armes. On lui érigea une foule de statues; on le canonisa. Son nom est actuellement un jour de grande fête patronale pour les enfants de toutes les écoles en France. Le nom du vaillant Wittikind est à peine connu, même des Allemands!

Au xiie siècle, Barberousse, ayant pris Milan, fit égorger tous les habitants, raser la ville et y *semer du sel!*.... Au xiiie siècle, Albert l'Ours (*der Bær*) était un des plus grands bandits de son temps; il brûla quantité de villes et de villages; il fit massacrer les vieillards, femmes et enfants, non par milliers, mais toute la nation de Vendes, branche des Slaves, pour fonder le margraviat prussien de Brandebourg, la pierre angulaire de l'actuelle monarchie des Hohenzollern. Les dynasties allemandes qui dévoraient l'Italie pendant des centaines d'années, qui inondaient de sang l'Europe entière et même l'Amérique, n'étaient ni plus ni moins que des pépinières de brigands. Si ce n'était un Barberousse, c'était un Philippe II, fils de Charles-Quint; avec son bourreau favori le duc d'Albe. La Providence avertissait souvent ces anthropophages. Philippe II fut dévoré *par les poux*. C'est un fait historique.

Charles IX, roi de France, un des fauteurs de la Saint-Barthélemy, se noya dans son propre sang, qui sortait de ses veines. Cela servit-il d'enseignement aux souverains?

Quel fut le commencement du royaume de Prusse? On sait que ce furent des brigands en froc, portant la croix du Sauveur, qui fondèrent cette monarchie. Frédéric II fit périr un million de soldats de part et d'autre pendant la guerre de Sept-Ans. Le *libéral* Voltaire l'idolâtrait. Les Allemands lui ont érigé une foule de statues. Les historiens le nomment Frédéric le Grand et l'Unique (*der Einzige*)!...

En 1768, Catherine II fit égorger deux cent mille habitants en Ukraine. En 1794, elle donna l'ordre à Souvaroff de massacrer la population de Varsovie. Vingt mille vieillards, femmes et enfants, y périrent. Ce même écrivain, qui sert encore aujourd'hui d'étendard aux « *progressistes*, » admirait le génie de l'impératrice!

Le 17 ventôse an VII (11 mars 1799), l'armée française a pris d'assaut la ville de Jaffa. Plus de quatre mille hommes de troupes de Djezzar-Pacha ont été passés au fil de l'épée.

Pendant le règne de Ferdinand II et de François II, en Sicile et à Naples, on introduisit un régime devant lequel pâlissent toutes les atrocités du moyen âge. On punissait de prison et de mort pour « une démonstration muette » ou pour « *une manière de penser digne de blâme*. » On murait les prisonniers. Des milliers de ces malheureux remplissaient les cachots de Saint-Elme et de la préfecture de police à Naples. Le fameux *Maniscalco*, ci-devant voleur, espion, ensuite gendarme, et à proprement parler vice-roi de Sicile, avait des prisons à Morreale dont la description fait dresser les cheveux sur la tête. On les ouvrit le 14 janvier 1848. Des souterrains horribles, remplis de prisonniers nus, hâves, mutilés, se trouvaient à San Dómenico, San Isidore et à Catane. Les journaux catholiques nommaient le roi François II « malheureux; » et *le pape le défendit* lorsqu'il fut expulsé!..... Jusqu'à présent, on célèbre à Rome le retour du pape de Gaëte; la ville de Saint-Pierre est alors illuminée!.....

En 1846, Metternich, ministre de l'empire, « *archi-catholique*, » fit égorger près de trois mille citoyens avec leurs femmes et leurs enfants. La Galicie fut inondée de sang. Aux martyrs de Hongrie : le prélat Martinovitch, le comte Sigrai, Stainotzi, Latzkowich, Szentmariai, exécutés à Ofen après un procès couvert jusqu'à présent du plus grand mystère, succéda dans les derniers temps une longue série de supplices. Les tortures qu'on infligea aux victimes ne différèrent en rien des mesures prises par le général autrichien Caraffa, qui, en 1686, institua le fameux *Tribunal de sang* à Éperiès, et fut décoré de l'ordre de la Toison d'Or. En 1849, huit généraux hongrois, qui se rendirent sur parole, furent *pendus* à Arad; les autres généraux Dessewffy, Kisz, Lazar et Schweidel furent *fusillés* par une faveur spéciale. Le comte Étienne Széchény devint fou de désespoir en prison. Le général Haynau sévissait comme un tigre enragé. On ne connaît pas le nombre des victimes que l'on massacra secrètement dans les cachots; mais il est certain qu'en Hongrie seulement le gouvernement autrichien fit périr sur l'échafaud, pendant *deux ans*, deux cent quarante-quatre personnes pour les soi-disant délits politiques, entre l'année 1852 et 1854; donc bien longtemps après l'insurrection!.....

En 1863, un escadron de hussards hongrois, qui ne voulait pas se battre contre les Danois, eut le même sort que la légion thébaine; les Moscovites brûlaient vifs les blessés polonais; on en pendit et fusilla environ douze cents; on exila en Sibérie près de douze cent mille familles.

L'empereur Maximilien fit fusiller en 1865 les généraux Salazar et Arteaga pour avoir défendu la liberté et la volonté du peuple; il nomma gouverneur général à

Mexico, Marqueza, qui faisait pendre les femmes et avait tous les penchants sanguinaires de *Mourawieff le Monstre*, admiré par les Moscovites « libéraux et éclairés. » Enfin, ce prince, aveuglé par le fanatisme du clergé et l'orgueil frénétique de sa femme, expia les fautes d'une politique rétrograde au moment même où les deux souverains de l'autre hémisphère faillirent périr de la main d'un jeune exalté. Encore un avertissement de la Providence !.....
Qu'on s'étonne après de la rage du peuple et de ses excès !

§ 2. — *Est-ce que ce sont les monarques qui gouvernent l'Europe?* L'ont-ils jamais gouvernée?..... Ceux qui ne comprennent pas un mot d'histoire se figurent que *le pouvoir monarchique héréditaire* est une condition indispensable de la prospérité des peuples. La France eut toute une série de rois « sanguinaires » et « *fainéants.* » En Allemagne, les empereurs siégeaient sur leur trône à l'âge de sept ou huit ans, et commençaient à guerroyer à l'âge de quatorze ans, subjugant les nations libres, luttant contre les papes, pendant que les seigneurs féodaux ravageaient le pays en vrais bandits. Les *chevaliers-brigands* remplissaient le *Saint-Empire (das heilige Reich)*. En 1338, la fameuse assemblée de Rentz éleva les écuyers et les veneurs des empereurs à la dignité d'électeurs, qui furent depuis nommés par Charles IV « *les sept colonnes, les sept luminaires, les sept membres du saint corps* » de la monarchie qu'ils gouvernaient à leur gré. Parmi les rois français, saint Louis était séparé de Henri IV d'un espace de *trois siècles et demi.* Durant cette période, si ce n'était un *faux monnayeur* ou un meurtrier des Templiers, c'était un *fou* ou un tueur de huguenots qui occupait le trône. La guerre de *succession* inonda de sang pendant *plus de trois cents ans* la France et l'Angleterre (1116–1453).

A partir du quinzième siècle, c'est-à-dire après la mort de *Charles le Téméraire*, duc de Bourgogne, en 1477, commença la rivalité entre la France et l'Autriche. Cette guerre engendra une foule de combats, les uns plus meurtriers que les autres; au fond, c'était toujours l'envie de gagner la prépondérance et d'assurer le trône aux dynasties qui aiguillonnait les souverains. On peut dire que le torrent de sang qui coule sans discontinuer, et qui provient de cette source seulement, remonte à près de *quatre cents ans.*

Les guerres de religion et de trente ans n'étaient que des épisodes épouvantables de ce drame gigantesque; elles ne servirent que de prétexte aux monarques, qui, pour leur profit, massacraient les peuples de génération en génération. Cette lutte n'est point finie; elle a seulement changé de forme. Et qui la soutient depuis l'époque où elle a commencé? Les têtes couronnées sont à l'abri des soucis de l'administration aussi bien que des dangers de la guerre. *Les rois s'amusent;* les ministres les remplacent.

Au seizième siècle, l'histoire nous présente des personnages tels que Ximénèz, Thomas Morus, le cardinal de Grandvelle; tels aussi que le duc d'Albe, bourreau des protestants, et Stuart Murray, bourreau des catholiques; enfin Requesens, don Juan d'Autriche, Sully, le comte de Lerma, tout-puissant ministre de l'indolent roi d'Espagne; Robert d'Évreux, comte d'Essex, le malheureux amant de la pieuse et cruelle « *reine-vierge.* »

Pendant plus de deux cents ans, la France, qui dirigeait les destinées de toute l'Europe, est gouvernée par les ministres. Ce sont les d'Ancre, les ducs de Luynes, puis les Richelieu, les Mazarin, les Fouquet, les Colbert, les Louvois, qui se suivent sans interruption. Ceux-là, ainsi que le duc de Buckingham, favori de Charles Ier; Oxenstierne, régent de Suède; Cromwell, Jean de Witt, Olivarèz, le général Monk, qui rétablit les Stuarts; enfin, le grand inquisiteur Éverard Nithard, amant de Marie-Anne d'Autriche; Mlle de la Vallière, Mme de Montespan, Mme de Maintenon, Mlle Ninon de Lenclos, voilà *les véritables souverains de l'Europe;* voilà les chefs suprêmes qui régissent des nations *au dix-septième siècle.*

Le duc de Luynes sut gagner les bonnes grâces de Louis XIII parce qu'il lui avait appris à attraper des moineaux, et il devint *premier ministre.* Louvois incita Louis XIV, surnommé le Grand, à faire une guerre à l'Europe pour détourner son attention du Trianon, où le roi avait trouvé une fenêtre plus basse que l'autre.

Au dix-huitième siècle, nous voyons une autre série de vrais souverains. Les principaux d'entre eux sont, en France : l'infâme cardinal Dubois, le cardinal Fleury, Turgot, Calonne, Necker, sans en excepter Mme de Châteauroux, sans en excepter Mme de Pompadour, qui nommait les ministres et même les généraux en chef, qui exerçait une influence particulière sur l'impératrice Marie-Thérèse, « *noster rex,* » adorée des Hongrois, et qui entraîna la France dans la guerre de Sept-Ans. En Angleterre, c'étaient lord Chatam, Guillaume Pitt qui décidaient du sort des deux hémisphères. En Portugal, le génie de Carvalho, marquis de Pombal, délivra pour quelque temps sa patrie des fers du système mercantile des Anglais. Les Moscovites tremblaient devant un Menchikoff et un Biren. Catherine II gouvernait son empire ; les Potemkin, les Zouboff gouvernaient l'impératrice. De 1400 à 1774, la France seule possède une série de cinquante-sept favorites publiquement avouées et une centaine d'enfants naturels, bâtards de France.

Quels sont donc les mérites des monarques ? De quelle utilité ces dynasties sont-elles pour les peuples ? Sur quoi sont-elles fondées ces prétentions dynastiques des partis dits « *légitimistes, orléanistes* » qui minent la France ? Où est leur légitimité ? L'histoire ne dit-elle pas qu'il n'y a pas de Bourbons, etc. ; mais que presque toutes ces têtes couronnées ou déchues de leur trônes sont des descendants des Mazarin, des favoris de toutes les classes?

Le dix-neuvième siècle a-t-il réalisé l'idée de la grande Révolution? Depuis *la restauration du gouvernement des ministres et des maîtresses*, c'est-à-dire depuis le fameux congrès de Vienne, qui, d'après le savant historien Gervinus, « ouvrit la période de fourberie et de mensonge, de persécutions politiques, de conspirations, d'espérances et de désillusions, » ce sont les ducs de Richelieu, les Polignac, les Peel, les Metternich, les Guizot, les Thiers, les Palmerston, les Nesselrode, les Schmerling, les Gortschakoff, les Mourawieff, les Miloutine, les Bismarck qui gouvernent l'Europe. Le ci-devant roi de Hanovre se laissa guider par *un barbier*; la reine d'Espagne par *une nonne*, la sœur Patrocinio, ou par son amant Marfori.

On compte plus de quarante monarques en Europe, dont une trentaine appartiennent aux dynasties allemandes.

Si une nation réclame ses droits, elle est massacrée.

Après des atrocités sans nom, après des crimes devant lesquels pâlit la cruauté des tigres et de toutes les bêtes féroces, les souverains ont l'habitude de publier une *amnistie*, que l'on nommé *acte de clémence*, envers ceux qu'ils n'ont pas encore dévorés. Il est impossible de pousser plus loin la dérision du malheur des peuples, il est impossible d'avilir l'homme davantage.

Sénèque a dit, *dix-huit cents ans* avant notre « *ère de progrès*, » dont quelques-uns se glorifient: «Je ne nommerai jamais la piété des souverains clémence, mais une cruauté fatiguée » (*clementiam non voco, sed lassam crudelitatem*). Les peuples d'aujourd'hui, les peuples de toute l'Europe supportent une pareille humiliation, une telle dégradation de la dignité humaine et des lois, et ils se croient libres!... Il y a encore des hommes assez abrutis pour admettre *le principe dynastique*!

La société n'a adopté ni les formes qui lui avaient été tra-

cées par les lois naturelles, ni la civilisation que lui indiquaient les hommes supérieurs; mais elle a accepté les formes et la civilisation que lui imposèrent les gouvernements illégitimes. Donc, l'état politique actuel de l'Europe est une conséquence de la civilisation générale et du caractère qui lui fut donné. C'est une vérité qui a la force d'un axiome. C'est la clef de toutes les causes des calamités du genre humain.

II

QUELQUES FAITS STATISTIQUES QUI CARACTÉRISENT LA SITUATION ACTUELLE, REVUS ET AUGMENTÉS D'APRÈS LES DOCUMENTS DE 1875.

Faute d'un principe *naturel* et *moral*, on étendit sur toute l'Europe le système de *la force brutale*. Les résultats d'une pareille organisation de la société ne pouvaient être autres que ceux que nous allons voir. Examinons quelques faits qui sautent aux yeux.

§ 1.—*La lumière et l'épée*. Quiconque ne peut se rendre compte du degré de la civilisation en Europe n'a qu'à demander des renseignements aux chiffres. Ils ne trompent jamais. Consultons la statistique. Sans parler de la Suisse où l'instruction du peuple a atteint le plus grand développement, le royaume de Wurtemberg est celui qui dépense le plus d'argent pour l'instruction publique, et la France est le pays qui lui en consacre le moins. L'empire du tsar et la Turquie n'entrent pas dans ce calcul, bien entendu. En France, pendant le règne de Napoléon III, l'entretien de l'armée coûtait *vingt-six fois* autant que l'instruction du peuple! Nous en avons vu les conséquences en 1870.

Un des Etats-Unis de l'Amérique septentrionale, l'Illinois, peut nous servir de point de comparaison. Ce petit pays, dont la population ne s'élève qu'à 2 millions 1/2, dépense annuellement environ *vingt-deux millions* de francs pour l'instruction publique; le budget de la France, sous Napoléon III, concernant cette branche, fut presque le même !...

Voici encore quelques chiffres éloquents, d'après le compte rendu de 1865, c'est-à-dire pendant la période nommée *pacifique*.

	Frais de guerre.	Instruction.
France	295 francs.	11 francs.
Autriche	270	19
Prusse	276	14
Wurtemberg	218	47

Il est évident que les conclusions suivantes peuvent en être déduites. En temps de paix, à l'exception du Wurtemberg et de quelques autres pays allemands, on dépensait en moyenne *vingt fois autant d'argent pour préparer le peuple à égorger les hommes que pour l'instruire.*

Le peuple payait vingt fois autant d'impôts pour la guerre que pour son instruction (1).

D'après les budgets des dernières années, nous voyons qu'en Angleterre les fonds destinés par le gouvernement à l'instruction du peuple sont *cent fois* moindres que ceux qu'exigent les dettes et la force armée de ce pays qui se dit civilisé et civilisateur. Sous l'empereur Napoléon III, le budget de dépenses s'accrut, en France, d'un demi milliard au bout de dix ans, sans aucun profit pour l'Europe. L'entretien des troupes y coûtait annuellement plus de 500 millions; un soldat 866 francs.

L'Autriche, cette agglomération d'une vingtaine de peuples divisés en cinq groupes principaux, publia en

(1) Les communards et les pétroleuses sont les élèves de ce système d'éducation.

1860 un budget d'après lequel on découvrit que pour
maintenir ce corps hétérogène, les dépenses du ministère
de police étaient en ce temps-là de 8,426,555 florins.
Ainsi la gendarmerie et les espions coûtaient 5,643,838
florins (environ 12 millions de francs) lorsque les dépenses
du ministère de l'instruction et des cultes ne s'élevaient
qu'à 5,028,630 florins. L'entretien de la force armée mon-
tait à 135 millions de florins.

La Prusse, que l'on croit bien administrée, engloutis-
sait avant la guerre de 1870, pour son armée et sa dette,
les trois quarts de son revenu. Les gendarmes et les espions
coûtaient à l'État, ou plutôt au peuple, par ordre du gouvernement, plus de *sept millions* de francs avant la guerre
austro-prussienne. Le gouvernement dépensait alors la
même somme pour l'instruction publique. Maintenant
les frais de l'entretien de l'armée ont naturellement augmenté, et l'Allemagne entretient des troupes pour
étendre sa domination sur toute l'Europe. Elle est enne-
mie de tous ceux qui ne sont pas Allemands et sympathise
ordinairement avec les oppresseurs de la liberté. Mais où
est donc l'Allemagne? Est-ce à Vienne ou à Berlin? Hier
son nom était l'Autriche, aujourd'hui c'est la Prusse!....
Chacun de ses petits États dépense, pour l'entretien de
l'armée et pour les dettes, plus que la moitié des revenus.
La principauté de *Reuss* (ligne aînée), qui a 200,000 écus
de recette, dépense en dettes, force armée et en frais de
cour, proportionnellement autant que l'empereur d'Allemagne, c'est-à-dire 66 pour 100. Ce n'est que le reste qui
est destiné, comme partout généralement, à l'instruction
publique, à l'administration, au commerce et à l'industrie! *Dans toute l'Europe les officiers et les généraux sont
infiniment mieux rétribués que les employés civils et les
professeurs.* Les hommes de lettres et les artistes n'ont
pas de quoi vivre.

Que pouvons-nous exiger de l'Italie? En 1796, le roi de

Naples acheta la paix pour 8 millions de francs *et força les habitants de lui rendre toute leur vaisselle en or et en argent.* Plus tard il s'empara de la propriété de sept banques et *s'enfuit.* L'installation des Bourbons coûta des sommes immenses. En 1815, le roi paya à la cour d'Autriche 25 millions en récompense de sa protection. Pendant le congrès de Vienne, on dépensa 6 millions de ducats pour les frais « de la *haute politique.* » Cette *politique infernale* consistait à imposer à la nation la dynastie des tyrans. Le roi des Deux-Siciles, Ferdinand Ier, paya à l'empereur d'Autriche 85 millions de ducats en récompense de ses services qui consistaient à anéantir la constitution défendue par le peuple sous le commandement du vaillant Pépé. Le corps autrichien, entretenu aux frais de la nation napolitaine, dévasta tellement le pays que les habitants, n'ayant plus de quoi vivre, formèrent des bandes de brigands. C'est de cette époque que date le fameux banditisme napolitain. Le fils de François Ier, Ferdinand II, surpassa en cruauté son père et son grand-père et peut être comparé aux plus grands tyrans. En 1861, ce royaume contenait 1,292 couvents. *Le tiers* des religieux avait 4,555,958 lires de revenus par an, et *le tiers* de la population ne vivait qu'en mendiant son pain. On ne comptait alors qu'*un seul élève sur mille* habitants! La Sardaigne subit le même sort. Vers la fin du siècle passé, ce royaume n'avait point de dettes. En 1835, on en comptait déjà 100 millions de lires. La guerre avec l'Autriche, en 1848 et 1849, coûta 206 millions. Ce que l'Italie a souffert paraît incroyable. Il n'y a que la Pologne qui la surpasse en martyre. Outre les faits que je viens de citer, il suffit de dire qu'en 1836 il y avait sur l'île de Sardaigne 376 grands domaines féodaux maintenus par « la Restauration. » On promulgua ensuite une loi d'après laquelle *celui qui n'avait pas au moins quinze cents francs de fortune n'avait pas le droit d'apprendre à lire et à écrire.*

Ce n'est qu'en 1848, cette année réprouvée par quelques-uns, qu'on y introduisit de grands changements. Quant à Rome, cette capitale du Vicaire de Jésus-Christ, roi des rois, né dans une crèche, elle possédait avant l'annexion à l'Italie, des ministres, des généraux, des maîtres de police, des geôliers, des prisonniers d'État, des gendarmes, des espions, des zouaves (tout cela, dit-on, pour éblouir les imbéciles et affermir la foi); en outre, 3,960 prêtres (un prêtre sur 47 habitants), 2,000 nonnes, en tout, y compris les séminaristes, 8,000 religieux, soit la *vingt-cinquième* partie de la population. Et le successeur de *la lumière des umières, lumen luminis,* protége les Bourbons, maudit le nom de Garibaldi! Et les chassepots français souillèrent les pages de l'histoire de France du sang des martyrs!...

L'Espagne, jadis maîtresse de toute l'Amérique, avait, en 1817, malgré les mines d'or et d'argent du Pérou et du Mexique, un déficit de 200 millions de *réaux*. Les dettes de ce pays remontent au temps de Charles V et de Philippe II. A la mort de Philippe V de Bourbon, en 1746, ce roi qui fit dire à Louis XIV : « Plus de Pyrénées, » le même dont l'entrée à Madrid fut célébrée par un auto-da-fé de Juifs brûlés en son honneur; à la mort de ce roi qui, pendant *quarante-six ans,* gouvernait l'Espagne en sommeillant dans son lit aux sons de la voix de Farinelli, ce pays était chargé de 800 millions de réaux de dettes. La guerre pour l'indépendance coûta la somme colossale de 4 milliards 1/2. La nouvelle guerre de succession, qui finit en 1840 par l'avénement au trône d'Isabelle II, coûta 4 milliards de réaux. Le gouvernement d'Isabelle II dépensait annuellement *quarante-quatre fois* moins d'argent pour l'instruction publique que pour l'entretien de l'armée et pour les dettes. Le clergé catholique protégeait Don Carlos! C'est le cardinal Antonelli qui, au nom du pape, encouragea les Espagnols à la guerre civile!

Il n'y a point de statistique dans l'empire du tsar, où

tôt la statistique y est improvisée, ce qui revient au même. Le nombre des écoles, ainsi que celui des écoliers, n'est que sur le papier, dans les rapports officiels. On connaît les paroles d'un employé moscovite : « On n'écrit des oukases que pour l'Europe, nous en avons d'autres dans nos poches. » M. Léouzon-Leduc nous apprend que sur toute la population, le nombre de ceux qui y reçoivent l'instruction n'est que de 350,000 habitants. L'entretien de l'armée, au contraire, coûte au peuple juste autant qu'il paye de taxe sur les boissons, c'est-à-dire *un milliard* de francs par an ! Le nombre des écoliers et des étudiants est borné par les règlements du ministère !!!

Si la Turquie est un opprobre de la société du xixᵉ siècle, si l'ignorance, la misère des Grecs, les atrocités commises sur les Candiotes qui subirent le même sort que les Circassiens et les Polonais, sont une nouvelle preuve des crimes officiels, faut-il en accuser les sultans ? En 1861, l'ambassadeur anglais démontra qu'il y avait dans l'empire Ottoman 194 millions 1/4 de dépenses pour les dettes et la force armée, et 574,250 francs pour l'instruction publique ! Les deux premières branches y engloutissent annuellement 340 fois autant d'argent que l'instruction du peuple ! Mais que dire de la civilisation de la Turquie, que dire du progrès, si dans l'empire moscovite il y a *plus d'un demi-million de nomades?*.... Et l'Europe se croit civilisée !......

Le sol fertile de ces deux pays pourrait nourrir non-seulement les *dix-millions* de mendiants qui remplissent l'Europe, mais tous les industriels et les ouvriers de l'occident. Grâce à la mauvaise administration et au système prohibitif qui entrave le commerce, tous les habitants en souffrent. Les Anglais, les Irlandais, les Allemands, les Suisses, ne seraient pas obligés de s'expatrier en masse pour passer en Amérique, en Asie et en Australie, si l'empire moscovite et les terres envahies par les Ottomans étaient bien cultivées, sur une étendue *plus grande que tout le reste de l'Europe,* si l'Orient n'était plongé dans les ténèbres de l'ignorance et du despotisme.

Les malheureux de l'Occident ne peuvent partager leur pain avec les habitants à demi-sauvages de l'Orient, où les hordes asiatiques, secondées des Allemands couronnés ou décorés, des lords anglais et des banquiers de tous les pays qui ne songent qu'à eux-mêmes, tiennent entre leurs mains les destinées de presque tous les peuples du globe terrestre.

§ 2. *Dettes publiques.* L'Europe est chargée d'une dette qui pèse sur les épaules de tous les habitants sans exception, et qui dépasse la somme formidable de *cent milliards* de francs.

Il en résulte que *chaque enfant qui vient au monde a déjà au moment de naître, en prenant la moyenne, trois cents francs de dette publique.*

§ 3. *Combien paye l'Europe pour l'honneur d'avoir des souverains ?* — Six milliards.

Les dépenses des États européens ne devraient s'élever qu'à *quatre milliards* tout au plus.

Les monarques et les ministres font payer pour l'administration *dix milliards* de francs. Pourquoi donc les peuples doivent-ils débourser annuellement six milliards de plus ?

La centralisation vaut-elle autant ? Mais c'est un intérêt à 4 o/o de *cent cinquante milliards !*

En plaçant 6 milliards tous les ans à 4 o/o, on aurait un revenu de 240 millions. Que de bienfaits, quelles richesses ne pourrait-on pas en tirer pour les peuples si cet argent était bien employé ! Les peuples en payant tous les ans la somme *superflue* de 6 milliards dépensent annuellement, *sans nulle nécessité,* en moyenne *vingt francs* par tête. C'est un impôt gigantesque ! Voici les dépenses principales :

Armée.	40 1/2 p. 100, c'est-à-dire	3,300,000,000
Dettes.	30 1/2 —	2,700,000.000

Ces deux branches. 71 p. 100

Les espions, les gendarmes, etc., n'y sont pas compris. Reste pour l'instruction, l'administration civile, le commerce, l'industrie, les arts, etc., 29 o/o. La société qui se dit civilisée ne peut pas tomber plus bas. Quand on compare l'Europe aux États-Unis, on a honte d'être Européen.

§ 4. *Forteresses et Universités*. On compte en Europe plus de 400 forteresses et moins de 100 universités. En comparant quelques monarchies européennes à la Suisse, la proportion approximative est la suivante :

Dans l'empire du Tsar.	1 université sur	7.000,000 d'habit.
Dans tout l'empire d'Autriche.	1 —	4,000,000
En Prusse.	1 —	3,000,000
En Suisse.	1 —	600,000

§ 5. *Crimes et aliénation mentale*. Les crimes augmentent tous les ans et leur caractère est de plus en plus effroyable. On a remarqué que les suicides se multiplient partout. De 1857 à 1862, on comptait en Europe (excepté la Turquie) 198,343 crimes *par an*, dont 63,445 sous la domination du tsar. Par conséquent *le tiers des crimes* a été commis dans son empire.

La proportion par rapport à la population a été calculée de la manière suivante :

1°	États pontificaux..	1 crime sur	665 habitants.
2°	Autriche.	1 —	856
3°	Moscovie, Espagne.	1 —	1,055
4°	Grande-Bretagne.	1 —	1,136
5°	Suisse.	1 —	1,725
6°	France.	1 —	7,460
7°	Belgique.	1 —	10,107

On commet moins de crimes en Allemagne ; mais *six*

4

fois autant à Berlin qu'à Paris et *huit fois* autant qu'à Bruxelles. Depuis 1865, le nombre des crimes s'est accru partout de 10 o/o.

On compte en Autriche *douze fois* plus de crimes dans l'armée que dans l'état civil, en France *cinquante-trois fois* autant parmi les soldats que parmi les bourgeois.

Il n'y a pas longtemps on comptait 1 aliéné sur 1,500 personnes. On en compte maintenant 1 sur 900 habitants. Le nombre des aliénés en Europe dépasse le chiffre affreux de 300,000. C'est la Grande-Bretagne qui en possède le plus ; viennent ensuite la Moscovie, l'Autriche et la Prusse. Il y a plus d'aliénés parmi les protestants que parmi les catholiques.

Les gouvernements contribuent à augmenter le nombre des crimes. L'ivrognerie y joue un rôle très important. *Les gouvernements en facilitant, pour leur propre intérêt, la production de boissons, abaissent la dignité de l'homme, qu'ils font semblant de relever par les lois soi-disant libérales.* Ce qu'ils établissent d'une main, ils le détruisent de l'autre. C'est une politique habile, et en même temps c'est la source de plus grands revenus. Le peuple ne s'aperçoit pas qu'il noie sa liberté dans son verre. En général l'Europe, sans parler de la bière et de l'eau-de-vie, produit annuellement un demi-seau de vin par tête !

§ 6. *Éducation et Instruction.* Un philosophe anglais a dit : « Si j'élève mon fils à la maison, je crains qu'il ne devienne un fat ; si je le rends aux écoles, je crains qu'il ne soit un sot. » (*Locke.*)

Le nombre des maladies et leur variété infinie prouvent suffisamment que l'éducation physique des enfants est on ne peut plus mauvaise. Quant au moral, les rues ont remplacé les maisons paternelles ; la vie de famille a disparu ; les marchés et les clubs tiennent lieu de salons.

Dans bien des pays, l'instruction de la jeunesse est

confiée au clergé qui commence par rendre bêtes ses
élèves en leur enseignant des choses auxquelles il ne
croit pas lui-même. Il asservit leur pensée et leur corps
pour les rendre obéissants à quelques fanatiques stupides,
sous prétexte de l'obéissance à la hiérarchie coalisée que
l'on nomme indistinctement « *l'Église.* » C'est un véritable fléau de la société ; car il y a des prêtres qui, malgré
leur instruction apparente, diffèrent peu des ecclésiastiques du moyen âge. Pour la plupart, le clergé qui se
nomme catholique n'est pas chrétien. On a inventé une
religion que l'on peut nommer, à juste titre, *cléricale.*
Elle est répandue surtout en Espagne, en Italie et en
France ; mais elle a ses branches dans toute l'Europe.
D'après le catéchisme que l'on enseigne aux enfants,
« celui qui commet un péché mortel sera condamné au
feu éternel. » Mais a-t-on jamais mesuré ce que c'est que
l'éternité ? Pour un seul péché, des tourments éternels !
C'est plus que de la tyrannie ! Dieu est-il donc un tyran ?
« Et ce feu, qu'est-ce donc ? » demande un enfant. « C'est
du feu qui brûle, répond l'abbé, où il y a du soufre et de
la poix. La fumée entre dans les narines, dans les
yeux, etc. » Telle est la base de l'éducation et de la
moralité !... Le « *Catéchisme de persévérance* » de Gaume,
les œuvres du père Rodriguez, du père Ravignan sont
non-seulement immorales, mais contraires à la religion
chrétienne. Qui n'a jamais lu ces blasphèmes, n'a qu'à
consulter les bibliothèques dites « *populaires et utiles.* »
Une jeune fille en lisant ces livres y trouvera des choses
dont elle n'a eu aucune idée. Entre autres un petit ouvrage intitulé : « *Quelques mots sur les danses modernes,
nouvelles révélations par le vicomte de Saint-Laurent,*
pourra donner l'idée des prétentions gigantesques du
clergé. Il nous fera voir jusqu'où peut aller le despotisme. Voici les paroles de l'auteur : « Je dis que si, *pour
le malheur des peuples*, il y avait quelques prêtres *assez*

aveugles pour tolérer *la valse et la polka* en connaissance de cause, indignes de leur sublime ministère ils feraient *autant de sacriléges qu'ils donneraient d'absolutions.* »

On commet des crimes en grand, et un petit voleur doit être damné et rôti dans le feu éternel! On répand des *idées homicides,* on fait couler des torrents de sang, on tient des hommes dans l'abjection, dans un culte « *d'autres dieux* » et personne n'y songe !... On assassine des nations entières, on leur vole leur propriété, on torture l'âme, on la déprave, on la dégrade; on vole aux hommes ce qu'il y a de bon dans leur nature, pour en faire des diables ; on leur vole leur pensée, leurs facultés, leur intelligence, leurs sentiments nobles, leurs élans vers le bien, vers le uste; et ceux qui se révoltent à la vue de ces atrocités, sont dédaigneusement nommés « *libéraux, révolution-naires.* » N'est-ce pas violer les lois de la nature, les commandements de Dieu ? Les grands forfaits sont tolérés, les petits péchés, une polka, une valse dévergondée sont poursuivis !...

Les professeurs protestants sont-ils plus raisonnables ? Leur doctrine consiste à détruire toute foi, toute autorité (excepté du gouvernement monarchique), à rejeter tout ce qu'ils ne comprennent pas eux-mêmes, à semer la haine et la discorde parmi les chrétiens de différents cultes. Ceux qui sont plus modérés se contentent de dire que *la foi justifie les actions* !...

Quels sont les effets de ces différentes doctrines qui se disent chrétiennes ? Quel est le culte qui est le meilleur ? Y a-t-il plus d'hommes vertueux et libres parmi les catholiques que parmi les protestants? ou bien *vice versa* ? Consultons la statistique, passons en revue tous les pays et nous y trouverons les mêmes erreurs, les mêmes vices et en proportion égale. Les causes de cet état de choses sont évidentes.

Les professeurs, les théologiens, comment appliquent-ils les commandements de Dieu et de Jésus-Christ ? Chacune de ces lois n'est qu'une lettre morte dans la vie pratique de la société. Elle se rapporte *à la chair*, à l'individu exclusivement et aux détails, on peut même dire aux niaiseries ; l'esprit n'y entre pour rien. On est beaucoup plus préoccupé du *pouvoir séculier* du pape (qui n'a pas de fondement historique, puisqu'il n'apparut que *sept à huit cents ans* après la naissance de Jésus–Christ), que de la liberté des peuples, de la moralité générale et de la misère toujours croissante à côté du luxe effréné. On répand l'idée de *l'infaillibilité du souverain Pontife*, idée qui ne date que depuis le xie siècle et qui se développa définitivement au xiiie ; et on le fait avec d'autant plus d'acharnement que le vicaire du Christ commet des fautes les unes plus grandes que les autres. Il suffit de rappeler quelques événements de nos jours, tels que Gaëte, l'Encyclique, le Syllabus, *l'Index librorum prohibitorum* (nouvelle édition) et *Mentana*, cette terrible souillure digne de l'Inquisition et des dragonnades, sans parler du Concile de 1870, qui ébranla le christianisme jusque dans ses fondements.

Il y a maintenant des chanceliers qui se croient infaillibles !...

Où sont donc les théologiens pour expliquer aux élèves *les droits de l'homme*, les droits des nations ? Où sont les vrais chrétiens ? Où sont enfin les *rationalistes* logiques ? Qu'on s'étonne, en présence d'un si lâche abandon, de voir la religion et la morale en décadence partout !

Les professeurs civils font réciter aux enfants des vers comme ceux-ci :

Je chante ce héros qui régna sur la France
Et par *droit de conquête* et par *droit de naissance.*

Que d'absurdités dans ces deux vers d'un homme que

les uns maudissent et que les autres admirent !... C'est le
libéral Voltaire qui les écrivit !... Il y a un *droit de conquête* et un *droit de naissance* !...

C'est encore « *la politique du fait accompli.* » Quelle
étrange confusion !

Telles sont les notions élémentaires du *droit politique*,
qui sont la base de l'instruction et de toute la vie sociale.
Tout le reste est à l'avenant.

§ 7. On ne saurait trop répéter cette vérité palpable :
La réforme de l'éducation et de tous les rapports privés
et publics est la base d'une réforme sociale, qui ne pourrait être effectuée autrement qu'en introduisant *simultanément* dans tous les pays d'Europe des changements
indispensables, concernant toutes les branches des
sciences et de l'administration.

*Le système du mal ne peut être détruit qu'à l'aide de
l'organisation d'un système composé des principes éternels
de la liberté universelle, éclairée par une instruction large
et profonde.* Le moyen unique de réaliser ce problème,
c'est *l'union de toutes les nations de l'Europe. Le chemin
le plus court vers cette union consiste à ouvrir toutes les
portes, toutes les frontières, à détruire les passeports, les
douanes, les monopoles, les règlements concernant la presse,
si elle ne blesse pas la moralité, en un mot, toutes les barrières qui entravent la libre circulation, l'échange d'idées,
le libre travail, l'industrie et le commerce.*

C'est le seul moyen pratique et *le premier pas* vers la
liberté. Toutes les nations ont le droit et le devoir de le
vouloir. Nul n'a le droit de le leur refuser. Les théories
des économistes devraient se résumer en six mots :
Laisser marcher, laisser faire, laisser passer. Qui n'admet
pas ces droits de l'homme est un despote et un ennemi
des peuples. C'est le *criterium* de la manière de penser de
chacun. Et pourtant ces droits si naturels sont un privilége que les habitants de l'Europe n'ont pas encore acquis;

malgré leur civilisation tant vantée et le progrès chétif dont ils se glorifient !

L'Europe est en décadence. Il faut la relever, la purifier, et lui faire prendre une autre direction. C'est aux nations unies que la grande réforme est réservée.

DEUXIÈME PARTIE

ANALEPSIS

I

LA RÉVOLUTION EN EUROPE EST-ELLE POSSIBLE ET NÉCESSAIRE ?

Nous vivons à l'une des époques les plus graves de l'histoire. Derrière nous se déroule le passé de l'humanité, et devant nous surgit une grande question : Quelle forme revêtira l'avenir ? (1)

(1) Il est impossible de développer, dans cet exposé succinct, toutes les idées philosophiques d'un traité qui forme *la partie essentielle* de « *La Décadence de l'Europe,* » ouvrage destiné primitivement à composer trois volumes, et, pour être plus portatif, publié en un seul contenant 620 pages en caractères minimes. Ce traité n'est autre chose que *la philosophie appliquée à la politique,* dans le but de démontrer la nécessité *d'une réforme des sciences* et la mission *des vrais philosophes.* Il a donc besoin d'être étudié dans toute son étendue. C'est un sentier que j'ai ouvert après des réflexions bien mûres et après des années de labeur. S'il n'est pas bien frayé, il a du moins le mérite d'être nouveau. Je n'en doute pas, dussé-je être accusé de présomption. J'ai dit dans ma préface, et je le répète ici : « Plus tard

D'après ce que je viens de dire, le lecteur est disposé à conjecturer que, selon moi, il faudrait bouleverser tout, en commençant par l'éducation et l'instruction élémentaire, et finissant par l'organisation politique des États.

Effectivement, il faudrait bouleverser radicalement tout ce qui est *désordre* et que l'on nomme « *ordre* » par suite d'un vocabulaire mensonger emprunté aux sophistes. Mais cette réforme qui est urgente et indispensable peut être réalisée par des voies *pacifiques*. Le choix des moyens ne dépend que des souverains et des nations. Les monarques doivent céder aux nations de bon gré s'ils ne veulent pas y être forcés. Les nations doivent reconquérir leurs droits si elles veulent éviter un cataclysme social.

Le retour de la société aux mêmes erreurs, la continuité des misères et des malheurs ne sont pas, comme on le croit, des vices inhérents à la nature humaine ; ce sont les résultats d'une seule et même cause, dont l'anéantissement dépend de notre *volonté*.

Je propose un mode de réforme sociale que l'on pourrait nommer *Novum Organum*. Toutefois, je n'ai pas l'orgueilleuse prétention de dire le dernier mot en traçant le plan d'un *système politique*. La forme de la société est progressive, comme l'humanité. C'est à l'esprit *collectif*, à l'assemblée des savants de toutes les nations d'Europe,

on ira sans doute, dans la voie que je trace, plus loin que je n'ai été moi-même. En attendant, j'ai rempli ma tâche dans la limite de mes forces. » Victor Hugo, après avoir lu la *Décadence de l'Europe*, m'a fait l'honneur de m'écrire : « Vous êtes un remueur d'idées. » C'est le plus bel éloge que l'on puisse me faire. Le lecteur qui ne connaît pas encore mon livre et qui voudrait satisfaire sa curiosité, ne saurait porter sur mon travail un jugement impartial qu'en lisant l'ouvrage susmentionné. Je me bornerai ici à en extraire quelques opinions en faveur de thèses que je crois avoir prouvées.

au congrès des hommes *vraiment libres et éclairés* que la réorganisation est réservée. Tout est là, et j'insiste sur ce point.

Entendons-nous d'abord sur le mot *révolution*. Ce mot dérive du latin *revolvere*, renverser. Les sociétés primitives tendaient à se développer sur leur voie *normale* d'après *les lois naturelles*, pour réaliser *la liberté* qui est la source première des *droits de l'homme*, et le couronnement de sa volonté conforme aux lois suprêmes de sa nature. Les hommes s'étant soumis aux passions ont perdu leurs forces. L'esprit, contraire aux lois naturelles et ennemi des droits de l'homme, *l'esprit du mal* (si nous pouvons le nommer ainsi) les subjugua et étendit sur eux sa domination. Il abolit la liberté et introduisit la servitude.

Il entrava la direction régulière des sociétés et leur imprima un élan contre nature. En un mot il *renversa* l'ordre naturel. A partir de cette déviation, l'humanité prit une direction *anormale*. C'est donc cet esprit du mal qui le premier commença la *révolution*, le renversement. C'est lui qui détruisit la vérité et le progrès paisible et mit à leur place le mensonge et le malheur. C'est lui qui le premier déclara que son système était *l'ordre* et appela *désordre* tout ce qui y était opposé. Toutes les fois que quelqu'un cherchait à remplacer le mal par le bien, à défendre les lois divines et les droits de l'homme, il criait : « Regardez, celui-ci est un révolutionnaire ! »

Les souverains qui s'emparèrent *par force* du gouvernail de l'humanité érigèrent avec le temps leur conduite en principe. Ils en firent un système organique.

Le mauvais esprit révolutionnaire s'est manifesté sous divers aspects et peu importe le nom qu'il ait prit : Néron, Cromwell ou Robespierre.

Mais *le bon esprit* peut être aussi révolutionnaire, il peut se trouver sous la blouse d'un honnête ouvrier comme sous la pourpre d'un prince, sous un chapeau de paille comme sous une couronne.

L'histoire nous montre que les actions de presque tous les souverains ne sont qu'une série d'actes subversifs. C'est une violation permanente des lois naturelles et de l'ordre social. La situation actuelle de l'Europe nous prouve évidemment que, malgré les apparences de la civilisation et du progrès, *la révolution est permanente*. Les souverains, comme je viens de le dire, l'ont commencée depuis des siècles. Nous sommes en pleine révolution aujourd'hui. Ceux, par exemple, qui défendent ou protègent le monarchisme, sont des révolutionnaires, des ennemis de la société et de l'ordre, si la République est proclamée.

Mais il est passé dans l'usage de donner au mot *révolution* un sens impropre, et de le prendre en mauvaise part, même lorsque les nations réclament leurs droits. Le *renversement* peut s'effectuer du mal au bien ou du bien au mal; donc il a un double sens.

Cependant, prenons-le dans le sens qu'on lui donne généralement et posons-nous cette question :

§ 1. *La révolution armée en Europe est-elle possible?*
— Non.

— Et pourquoi ? C'est ce que nous allons voir.

Nous n'avons pas un instant à perdre. Il n'est plus temps de dire : « Vaincre ou mourir. » Vaincre! tel doit être le mot d'ordre du progrès.

Je ne parle pas ici de la révolution dans tel ou tel pays, je parle de la révolution universelle, de la réorganisation du monde européen sur des bases nouvelles. Qui ne voit qu'il n'y a presque pas de pays où l'on ne trouve des idées nommées « *révolutionnaires*, » où l'on ne compte en grand nombre de *mauvais esprits*, révolutionnaires d'ancienne date? Le moment où nous vivons est solennel. Qu'on ne s'y trompe pas : toutes les nations de l'Europe marchent d'un pas rapide vers la révolution. Tout les pousse vers ce but inévitable.

Mais supputons les forces de nos adversaires. Aujourd'hui, la révolution est une science.

1º Considérons l'Europe. Nous y voyons d'abord *l'alliance des monarques,* leur *conjuration* solidaire contre la liberté et contre le progrès réel, au nom de la communauté des intérêts ou des traités réciproques.

2º Il y a près de *quarante* familles régnantes d'origine allemande, comprenant plus de *neuf cents* personnes.

3º Ces dynasties ont, plus ou moins, 150 ministres.

4º Ces ministres ont une multitude d'employés obéissants et fidèles. S'il y a plus de *cent mille* employés en Autriche et en Prusse seulement, à combien peut monter leur nombre dans toute l'Europe?... La bureaucratie est une force formidable !

5º Chacune des dynasties a ses aides-de-camps, ses chambellans, ses pages, ses protégés et une innombrable quantité d'autres dignitaires. Ils sont tous contents. Ce sont les satisfaits.

6º Sous les ordres des ministres et de la bureaucratie se trouvent les rédacteurs de certains journaux, et surtout des journaux officiels et officieux qui sont créés pour tromper le public et rendre les populations stupides.

7º Les employés des bureaux de poste, qui ont le droit de visiter les lettres, sont des espions et des dénonciateurs. Et qui peut compter les espions cachés sous des qualités diverses ?

8º Il y a des gens qui se trouvent bien partout. Ce sont, entre autres, les banquiers, les négociants riches, les fermiers, les rentiers, les usuriers, les fabricants, etc.

Autant de satisfaits !... Les femmes, les sœurs, les fiancées, les parents, les amis de ces « *fidèles* » qui sont traîtres à la cause de la liberté et ennemis du peuple, partagent leur opinion.

5

9° Dans la seule Sicile, il y a plus de *treize mille familles* nobles, et, dans ce nombre, 61 ducs, 117 princes, 217 marquis et plus de 1,000 barons. En Espagne, on compte 1,359 *grands*, parmi lesquels 75 princes, 516 comtes, 647 marquis, 65 vicomtes, 55 barons et 585 généraux. En Allemagne, on distribue avec beaucoup de facilité les titres de comte (*Graf*). Plus de cinquante familles allemandes ont le droit de se parer du titre de *Durchlaucht Altesse*), et une trentaine de celui d'*Erlaucht* (*Excellence*). Plus de 600 personnes appartiennent à cette catégorie. Dans quelques contrées de la Pologne autrichienne et prussienne, on ne peut faire un pas sans coudoyer un comte. Dans l'empire moscovite, il y a plus de princes et de comtes qu'en Allemagne. A Paris, les rues, et surtout les avenues des Champs-Elysées, en sont encombrées. En Angleterre, ce sont les lords et les richards qui tiennent les rênes du gouvernement, tout en donnant au peuple la liberté de s'enivrer, de faire du bruit et de s'assembler en *meeting*. Et combien les garçons d'hôtel ont-ils créé de comtes ?

10° Les prêtres catholiques et les pasteurs protestants tremblent au seul mot de « révolution. » Les premiers aimant les ténèbres et la servitude, se représentent chaque révolution sous la figure d'un diable, une torche et un glaive à la main, renversant les croix et les églises, déclarant la guerre à Dieu, brisant tous les liens du genre humain ; mais ils ne s'aperçoivent pas qu'ils sont révolutionnaires eux-mêmes, parce qu'ils favorisent le désordre actuel en flattant souvent les oppresseurs, et qu'ils propagent des principes que Jésus-Christ n'a jamais institués. Les seconds ne comprennent pas l'esprit du dévouement ; ils se moquent du martyre et du sacrifice ; cela n'entre pas dans leur enseignement religieux, et leurs femmes et enfants les disposent à rester tranquillement sous la protection d'une quarantaine de dynasties allemandes à l'abri de tous les orages politiques.

Il y a des exceptions partout, mais ce n'est pas d'exceptions qu'il s'agit. Les gens que je viens de citer sont tous de ceux qu'on appelle *conservateurs*. Après avoir passé soigneusement en revue les personnes *qui n'ont pas d'intérêt à la révolution* et celles *qui peuvent agir contre elle*, nous voyons que l'on doit compter ces dernières non par milliers, mais par millions. Admettons que sur 3oo millions d'habitants, il n'y ait que 2oo millions de ceux qui sont réellement malheureux, ignorants et opprimés, tout le reste formerait une phalange du *statu quo*, c'est-à-dire du désordre nommé « ordre. » Et ces *fidèles satisfaits* sont ceux qui ont le plus d'influence dans les affaires politiques.

Et je n'ai pas encore parlé de l'armée!... En Europe, il y a une armée régulière de *trois millions* d'hommes qui monte à six millions et même à huit millions en cas de nécessité. On compte *un soldat pour quatre-vingt-quatorze habitants des deux sexes, vieillards, femmes et enfants.* Si nous supposons qu'un quart de la population peut être regardé comme dangereux pour les gouvernements despotiques, nous pouvons dire qu'*il y a un soldat armé pour vingt particuliers.* En vérité, il peut en venir à bout.

Et le peuple? me dira-t-on.

D'ailleurs, qui est-ce qui fournit les moyens de soutenir le despotisme si ce n'est le peuple? Qui donc paye les gouvernements? Qui donc s'enrôle dans les armées commandées par les souverains, par leurs généraux et leurs ministres? Qui construit les forteresses?... Dans presque tous les pays le peuple entier sert, bon gré, mal gré, le pouvoir absolu.

Par conséquent, *la révolution est impossible*. (Comparez *Déc. de l'Eur.*, p. 1, 18).

§ 2. *La révolution en Europe est-elle nécessaire?*

Supposons que l'état actuel de la société ne puisse être changé qu'à l'aide d'une révolution universelle. Quels sont les alliés qui se présenteraient pour faire la guerre aux despotes? Au nom de quelle idée? Est-ce au nom de Dieu? Est-ce au nom de l'esprit ou de la matière? Au nom de Moïse, de Jésus-Christ, de Mahomet, d'un prédicateur ou d'un professeur? Est-ce au nom de la société ou des nations? Si c'est au nom de la société, où commence-t-elle? où finit-elle? Qui a le droit de se dire le représentant de *la société entière?* Est-ce au nom des socialistes, des communistes ou des humanistes? Où sont donc les despotes et où sont donc les champions de la liberté? — Est-ce au nom de l'honneur? En quoi consiste-t-il? Est-ce à porter l'uniforme et les décorations décernées par un despote, par un buveur de sang, ou bien à mériter le gibet pour la défense de la liberté? Où est donc l'opinion publique pour en décider? La trouverons-nous dans les journaux, ces instruments de despotisme ou de spéculation? Quels principes faut-il adopter? Quel but faut-il poursuivre? Où sont les livres qui dissipent nos doutes, qui nous enseignent ce qui doit être la base de l'organisation sociale? Où est *l'autorité?* Est-ce la raison? Mais qui n'en a pas?... Au milieu de ce chaos épouvantable, dans cette immense quantité de partis qui ne méritent ni foi, ni confiance, qui foulent aux pieds tout ce qui est sacré, qui détruisent aujourd'hui ce qui a été bâti hier, qui tombent dans les mêmes erreurs et les mêmes sottises que nous avons vues il y a deux ou trois mille ans; dans cet abîme infernal d'idées contradictoires, d'athéisme et de fanatisme, d'insouciance servile et de dévergondage, d'orgueil diabolique et de haine digne des bêtes féroces, les uns dévoreraient les autres. Une révolution opérée dans l'état actuel de l'Europe pourrait faire à ses habitants plus de mal que de bien, ou, en admettant les chances les plus favorables, elle engloutirait énormément de victimes. Les révolutions partielles, soulevées par des nations isolées, n'ont jamais obtenu le résultat qu'on s'en promettait, et malgré le dévouement héroïque de ceux qui se sacrifient pour tous, l'humanité n'en tira qu'un profit insignifiant. Non, *la révolution est inutile.* (Voy. p. 18, 114.)

II

Que faire? (1)

<blockquote>
« Si je me trompe, c'est de bonne foi ; cela suffit pour que mon erreur ne me soit pas imputée à crime. Si je pense bien, la raison nous est commune, et nous avons le même intérêt à l'écouter. Pourquoi ne penseriez-vous pas comme moi ? »

J.-J. Rousseau, *Profession de foi du vicaire savoyard.*

« Moi aussi je porte ma vérité dans mon âme, et il faut que je la réalise. »

Sigismond Krasinski.
</blockquote>

La Révolution universelle (dans le sens du mot que l'on a adopté) *n'est ni possible ni nécessaire.* Cependant, je suis profondément convaincu que tôt ou tard (*et le moment ne se fera pas longtemps attendre*) une révolution épouvantable éclatera dans toute l'Europe, si l'on ne satisfait pas radicalement et immédiatement les désirs des nations.

Aucun raisonnement ne peut atténuer la gravité de la situation actuelle. Les nations d'Europe portent le far-

---

(1) J'ai nommé cette partie de mon ouvrage *Analepsis.* Ce mot, qui provient du verbe grec *analambano*, a toutes les significations conformes au but de mon travail. Il indique en même temps le retour à la santé, le recouvrement des forces, la compensation des pertes et des torts, l'entrée en possession, le ralliement des guerriers, etc. enfin *l'entreprise et la réforme.*

...es armées composées de 3 à 4 millions d'hommes,
...l'entretien coûte annuellement 3 à 4 milliards. Une
...de plus de 100 milliards de francs pèse sur le travail
...habitants. Les frontières sont closes par des passeports
...des douanes. La presse est vénale ou persécutée. Les
...sont inabordables. La justice est lente. Le fanatisme
...la société, l'athéisme la démoralise. Les crimes
...mentent. La conscience est avilie. Une nuée de fripons
...de charlatans remplissent tous les pays. L'ivrognerie
...abrutit le peuple prend des proportions formidables.
...gnorance des classes inférieures est terrible. La société
...peut respirer. L'esprit est oppressé, le corps est sub-
...qué par le système de l'alliance diplomatique. Les larmes
...le sang coulent sans discontinuer.

...Quelqu'un a-t-il songé au nombre *d'hommes qui suc-
combent?* Combien en a-t-il péri au *dix-neuvième siècle?*
— Plus de 8 millions à notre connaissance !... Gengis-
Khan n'en a fait périr que 6 millions !...

...A-t-on calculé que cela fait *plus de cent mille hommes
...par an?*

...Ainsi, dans une société qui s'appelle civilisée, dans un
...cle où les monarques parlent toujours du *paisible* déve-
...ppement de l'humanité à l'aide des institutions soi-
...sant libérales et s'en attribuent le mérite, dans un siècle
...les ministres délibèrent sur la paix ou la guerre, et tout
...versant le sang de malheureuses victimes, veulent faire
...croire aux peuples que l'ordre règne partout, dans un
...cle « *de progrès,* » en un mot, 100,000 hommes, *la
...des habitants,* périssent chaque année ! (1)

---

(1) De 1792 à 1815, *cinq millions et demi* périrent sur le champ de
...aille; de 1815 à 1864 (période dite *pacifique*) 2,800,000 soldats.
...guerre de Crimée, qui n'a eu qu'un résultat insignifiant, grâce à
...politique anglaise, a coûté aux puissances belligérantes *sept mil-
...ards et demi* de francs. Les dettes publiques en augmentèrent de
...q *milliards et demi.* On connaît les résultats de 1870.

Les soi-disant diplomates et les hommes « *modérés* » (c'est-à-dire égoïstes et stupides) se figurent qu'on peut reconquérir la liberté et les droits des nations par la voie dite « *légale.* » C'est absurde !... Il faut être dépourvu du sens commun pour ne pas voir que ce que l'on nomme « *légal* » en Europe, n'est qu'une iniquité infâme érigée en système. Le noir s'appelle le blanc *et vice versa* chez ceux que l'on nomme *la majorité*. Quels sont les hommes qui composent cette majorité désirant *la paix à tout prix*, dussent les trois quarts de l'humanité périr de misère et de langueur? Nous les avons vu plus haut. Ce sont ceux qui se nomment « *conservateurs*, » parce qu'ils veulent conserver le règne du mensonge et de l'épée. La vraie majorité, c'est le peuple, c'est la population qui monte au moins à 200 millions, en supposant que 100 millions d'habitants soient heureux et contents. Le peuple désire-t-il la guerre? Certainement non! Mais il désire encore moins les guerres interminables qui durent depuis des siècles. Il faut en finir une fois pour toutes. Et ceux qui se disent « *modérés* » ne le sont pas du tout.

S'ensuit-il que je veuille démontrer la nécessité des moyens que l'on nomme dédaigneusement « *radicaux*, » en les confondant avec des mesures violentes, semant partout le malheur et la désolation? Dieu m'en préserve ! Entendons-nous. Une réforme radicale est indispensable, je l'ai déjà dit, mais elle peut se faire dans des conditions qui peuvent changer la face de la société sans l'ébranler.

C'est à présent que la société tremble jusque dans ses racines. Je le répète : *huit millions d'hommes* tués en trois quarts de siècle! Plus de 100,000 par an !... On parle avec indignation des anthropophages. Tous les sauvages réunis n'en consomment pas autant !... Ajoutons ce fait incontestable, d'après les rapports officiels, que pendant chaque guerre *beaucoup plus de soldats périssent dans les hôpitaux*

... *champ de bataille*. On en compte ordinairement ... autant. Et qui comptera les profondes blessures ... les larmes des veuves et des orphelins?... Nous ... dans les rapports que la mort violente d'une ... de l'armée. Et les familles de ceux qui ont ... leurs plaies morales? les causes de tant de ... que les médecins attribuent simplement à un ... ...ssement?... Qui connaît le désespoir de ceux qui ... De tout cela, la statistique ne sait rien... Après ... victoire, comme si on voulait insulter Dieu, on ... *Te Deum*, cet hymne qu'on entonnait pour les ... dans les premiers siècles du christianisme! La ... blesse, torture, déchire et tue tout ce dont ... se compose, son corps et son âme. « Misère que ... paroles! Il n'y a pas de paroles pour certaines impres... ...

Les éléments sont accumulés et préparés pour une lutte ...uvantable et désespérée. Il faut être sourd pour ne pas ...ndre le tonnerre qui gronde dans le lointain. Un grand ...ger menace également les gouvernements et la société. ... peut détourner cet orage? qui peut l'empêcher? Cette ...me société.

...e temps presse. *Pas de lutte inutile!* L'Europe gémit ... trop longtemps sous un joug ignominieux, embelli ... constitutions sans aucune garantie, pour s'exposer à ... nouvelle défaite. L'Amérique, qui ne compte pas en... ...re cent ans de liberté politique, nous a devancés dans ...tes les branches de la vie sociale. Elle est indépen... ...nte et nous sommes esclaves; elle est riche et nous ...mmes pauvres; elle paye ses plus grandes dettes au ...t de trois ou quatre ans, et nous augmentons les nô... ..., le peuple y est instruit, le nôtre ne sait ni lire ni ...re; chaque religion y est tolérée, nos chrétiens s'entre-...gent au nom du Sauveur. L'Amérique fait des pro-...et nous reculons. L'Asie menace de nous engloutir, et bientôt peut-être nous aurons à rougir devant les Japonais.

§ 1er. *Pourquoi presque toutes les révolutions européennes n'ont-elles pas eu le résultat qu'on s'en promettait ?* — Les causes de l'insuccès de toutes les luttes pour la liberté sont évidentes. Elles se réduisent à cinq : 1° la faiblesse de l'esprit, je veux dire la soumission aux passions ; 2° l'imitation aveugle des révolutions précédentes ; 3° le désir d'un bouleversement radical et instantané de tous les rapports sociaux, à l'aide des moyens violents, par conséquent, 4° l'augmentation volontaire du nombre des adversaires ; 5° enfin l'action isolée des nations qui se soulèvent sans entente préalable avec les autres nations également opprimées. Il est indubitable que les peuples alliés, d'après l'exemple des souverains, pourraient avoir une puissance invincible. (Voyez pages 114-154.)

§ 2. *Base d'une réforme sociale.* — L'état anormal de la société doit être changé. Reste une question : Par où commencer ?

Par le commencement. Comment l'entendons-nous ? Si je dis que la transformation ou la réforme complète de la société doit s'accomplir par un changement radical des relations sociales, j'entends par là qu'on atteindra ce but en tâchant de *reconquérir les droits de l'humanité qui ont été ou perdus ou lésés.* L'unique, le plus puissant agent de cette revendication, c'est *la liberté ;* le plus fort levier en est *la volonté des nations unies.* On ne saurait trop répéter cette vérité palpable : *Les hommes ont le droit d'aller où ils veulent, de faire ce qu'ils veulent, pourvu que cela ne nuise pas aux autres.* Qu'est-ce qui est réellement nuisible ou non ? Cette question ne peut être décidée que dans l'assemblée des hommes consciencieux, impartiaux et éclairés. C'est par là qu'il faut commencer. Pour faire le premier pas, il faut le *vouloir.* L'humanité ne peut entrer dans la libre voie naturelle, divine ; elle ne peut remporter

... décisive, qu'en remontant à *la source primi-*
... *tout bien et en s'y purifiant.* Cette source, c'est *la*
... *vouloir être libre!* Tout est là! La réforme viendra
... même, par suite de l'accomplissement de ces deux
...

... *Droits suprêmes de l'humanité.* — 1º Le mouve-
... donc le progrès, est la première condition de la vie
... sous le double rapport physique et intellec-
... mouvement de notre organisme et de notre pensée
... qu'avec la vie. Par conséquent, *le travail* est le
... *besoin, la première loi* de notre nature. *La pro-*
... *acquise par le travail* est donc la conséquence im-
... de la première loi naturelle. 2º Le désir d'une
... jouissance de ce droit que l'homme sent en lui-
... ou *la justice,* est le second *besoin, la deuxième loi*
... la nature. *La paix* en est la conséquence immédiate.
... Le désir de former la famille est le troisième *besoin,*
... la série des besoins innés, *la troisième loi* de la na-
... C'est *l'amour,* cet élément conciliant, créateur et
... structeur. Il a pour ennemi tout élément destructeur
... s'oppose également à la liberté comme à l'amour. Une
... pure a besoin d'un amour pur, c'est-à-dire naturel.
... *famille* est partant la conséquence immédiate de la
... loi de la nature. Elle est la base de la société et
... rester inébranlable. De même que les individus attirés
... vers l'autre créent la famille, de même les familles
... posent *les nations,* et les nations ou les grandes fa-
... forment la société. 4º Le désir d'adorer l'Être
... et de se mettre sous sa protection, dans les dan-
... qui effrayent l'homme et dans la crainte de perdre sa
... avec les avantages qui s'y rattachent, est le qua-
... *besoin* inné, *la quatrième loi* de la nature. Du sen-
... religieux naît l'envie de témoigner son adoration
... l'Être suprême et de formuler une prière pour lui
... sa protection. Les cultes religieux sont donc

a conséquence immédiate de la quatrième loi de la nature.

Les droits de l'homme consistent dans le désir, dans *le besoin de réaliser les lois naturelles*.

Toutes les autres lois qui dérivent des quatre lois primordiales peuvent être nommées *naturelles*, de même que les droits qui en proviennent.

Si les idées innées dans l'homme se réalisent d'après les lois naturelles, alors sa vie est *normale* et il cherche à lui donner le caractère *du beau*. Par conséquent, le désir de revêtir *le bien* des formes *du beau* est l'accomplissement de toutes les lois naturelles; il est renfermé dans chacune d'elles.

Mais pour la réalisation de la première loi de la nature, qui est le mouvement, ce premier de nos besoins innés, la condition *sine qua non* est *la liberté*. Elle se trouve dans notre corps comme dans notre esprit; elle est également indispensable au développement de toutes les lois de la nature humaine. Sans elle, aucune de ces lois ne pourrait être réalisée. La liberté est donc non-seulement la condition, mais la cause intrinsèque de tout mouvement, le principe des premières lois de la nature. Voilà pourquoi l'homme sent le désir *d'user de la liberté*.

Le désir inné *de réaliser toutes les lois naturelles*, dans leur développement normal, est ce que l'on peut nommer à juste titre *droit suprême de l'humanité*.

Il résulte de ce que je viens de dire que la liberté doit accompagner chaque développement des lois naturelles et la manière de s'en servir. Donc, les droits suprêmes de l'homme sont les suivants : 1º La liberté de se mouvoir et de penser, par conséquent *le libre travail* et le droit d'user de sa *propriété* qui en est le fruit; 2º le besoin de conserver *la justice* et *la paix*, donc le droit de défendre sa liberté et sa propriété; 3º *le désir* de composer *la famille* et de constituer *la nation*, par conséquent : le droit souverain de conserver sa forme tracée par la nature, et de se gouverner par des lois émanant de la volonté de tous les membres de cette famille; enfin 4° le besoin inné *d'adorer Dieu*, joint à la liberté de donner à son *culte religieux* la forme voulue, dans les limites de moralité.

Pour tout dire en un mot, l'homme a droit à une existence *normale* qui est *la vérité sous la forme du beau*.

Si l'une quelconque de ces lois fondamentales est violée, toutes les autres commencent à dévier et se développent *d'une façon anormale*. Alors l'humanité souffre et son existence est *anormale*.

Si toutes les lois fondamentales sont violées, alors apparaît *le mal sous la forme du laid*.

Il s'ensuit évidemment que *la première condition de la réforme sociale est le rétablissement des droits suprêmes de l'humanité*. Cela seul peut faire rentrer l'humanité dans sa voie normale, violée depuis des siècles.

Puisque *la liberté* est la condition indispensable de l'*application* des droits de l'homme, on peut dire que *le recouvrement complet de la liberté naturelle, enchaînée par une mauvaise organisation de la société actuelle, serait le pas le plus important dans la voie de la réforme sociale et du progrès*.

La société n'aurait pas besoin de se gouverner par d'autres lois que celles qui lui sont indiquées par la nature. Un seul droit réalisé, celui de la liberté, serait suffisant pour suivre les lois naturelles. Tous les droits peuvent être renfermés dans cette simple formule : *la liberté est le seul droit de l'homme*. (Comparez p. 154-164.)

Mais pour que la liberté, source de tout bien, et par conséquent le bien suprême, conserve ce caractère, il lui faut satisfaire pleinement aux idées que son nom éveille. Elle ne doit ni céder au mal, ni être elle-même esclave des passions; car autrement elle ne serait ni le bien, ni la source du bien. La vraie liberté n'a qu'un seul besoin : *le* désir de se manifester et de se développer en vertu des lois naturelles.

La volonté est le principe de la liberté. La volonté nous est donnée par la Providence. Elle peut prendre, puisqu'elle est libre, l'une des deux directions : *bonne ou mauvaise*. C'est *le libre arbitre* qui produit les bonnes ou les mauvaises actions.

Tout ce qui vient de la volonté *pure* et *libre* est donné par elle (*par sa mission*), et par là même est *permis*. Tout ce qui lui est contraire, et par conséquent ce qui est le fruit de la volonté *impure, servile*, désobéit à la vraie liberté, *sert* d'autres lois et s'appelle *servitude*.

La liberté est un si grand don, un si précieux trésor, qu'elle impose avec elle de grandes obligations. *Liberté oblige*. (Comp., p. 164-173.)

§ 4. *Lois politiques. Différence entre les bonnes et les mauvaises lois.* — La liberté donne à la société des lois de Dieu, comme provenant des lois naturelles. On peut les nommer *divines*. La force impose à la société celles de l'ennemi de Dieu, de *l'esprit du mal*, qui apparaît sous différentes formes humaines, réelles, visibles, et dont la synthèse est vulgairement appelée *Satan*. Il n'est autre que la négation de Dieu, de la liberté suprême. Ces lois, contraires aux lois de la nature et par conséquent aux droits de l'homme, peuvent être nommées *diaboliques*. Les lois politiques qui sont basées sur les droits suprêmes de l'homme sont obligatoires pour tout le monde ; toutes les autres ne sont pas des lois, ne méritent pas ce nom, et ne sont obligatoires pour personne. (Comp., p. 173.)

§ 5. *Lutte.* — C'est de la contradiction de ces deux ordres de lois que la lutte est issue. Commencée depuis des siècles, elle prend chaque jour des proportions de plus en plus menaçantes, et ne cessera qu'au moment où la société sera soumise aux lois politiques édictées par des hommes libres et fondées sur les principes des lois de

Dieu. Le résultat de cette soumission ne peut être que la *concorde*; et le résultat de la concorde serait *la liberté pratique universelle*, le seuil de *la liberté éternelle*. Mais, pour parvenir à cette concorde, il faut posséder *la libre volonté* et renoncer aux lois de Satan. (Voyez p. 174-176.)

§ 6. *Servitude.* — Ce mot seul de servitude signifie le renoncement de l'homme à *la volonté libre et pure* pour devenir le *serviteur* des passions, qui sont dans notre nature comme une preuve palpable que la violation des lois naturelles produit de mauvais effets et détruit la liberté. Elles sont les gardiennes de la liberté tant que l'homme les dirige.

Le travail forcé, la paresse, le vol, la rapine, la violence, le communisme, le cosmopolitisme, l'idolâtrie, l'athéisme, *le faux sous la forme du laid*, sont les résultats inévitablement obtenus en suivant la route contraire aux lois naturelles sous l'empire des passions. (Comp., p. 174-180.)

§ 7. *La pensée et la conscience.* — Qu'est-ce que la pensée? C'est un mouvement libre de l'esprit? Qu'est-ce que la conscience? C'est *la science de soi-même*, la connaissance de soi-même; en d'autres termes : c'est *la propriété de l'esprit et du corps réunis ensemble, au moyen de laquelle nous reconnaissons les droits de notre être.* C'est une voix de Dieu s'adressant à nous par l'intermédiaire des lois naturelles; c'est *un pressentiment qui nous avertit.*

Pour restreindre et diriger la liberté, la Providence nous a doués de *besoins* naturels qui nous poussent à réaliser les lois innées. Pour restreindre et diriger la pensée, qui est entièrement libre par sa nature, elle nous a donné la conscience. Ainsi donc notre tâche est de *purifier la pensée* par la conscience, de réveiller et de *reconnaître la voix de la conscience* au moyen de la pensée purifiée. Pour que nous puissions maintenir l'équilibre entre la pensée et la conscience, nous avons les lois divines *révélées.* Elles sont parfaitement d'accord avec la raison. C'est *la raison* qui nous fait connaître cette vérité. Notre raison, en harmonie avec notre conscience éclairée, est donc notre *autorité* suprême. C'est le vrai *rationalisme*. Mais pour que *la raison* soit une autorité, il faut absolument qu'elle soit *pure et libre*. *L'émancipation de la raison* n'est pas suffisante. La chose la plus importante, c'est *la purification de la raison*. Sa dignité et son *autorité* en dépendent. *La raison libre et pure* nous dit qu'il n'y a qu'une seule vérité absolue. Cette vérité, c'est la liberté, ou, ce qui revient au même, *l'obéissance aux lois divines.* (Comp., p. 180-191.)

§ 8. *La propriété.* — Nous savons ce que c'est que la liberté. Il s'agit maintenant de trouver son application dans la vie pratique.

Toute liberté ne serait qu'un vain mot si l'homme n'en retirait pas quelque profit. J'ai dit que la propriété est la conséquence immédiate du travail. Pour que la propriété soit *légale*, il faut que le travail soit libre. La propriété *légitime* ne peut être autre que celle qui est acquise par la voie libre et par conséquent légitime. Toute autre propriété est *illégitime*.

Il y a deux genres de propriétés : *la propriété personnelle* ou acquise par le travail individuel, et *la propriété de famille* ou héréditaire. Ce sont là *des propriétés privées.*

§ 9. *Liberté et propriété.* — La liberté n'est jamais complète sans la propriété. L'homme est à la fois un individu et le membre d'une famille ; il est donc en même temps individu et partie de l'homme collectif. De même sa liberté est individuelle et collective, privée et publique ou personnelle et politique.

La somme des libertés individuelles est la liberté de la famille et par conséquent de la nation, comme la somme des libertés de famille ou nationales est la liberté de la Société. Pareillement : *la somme des propriétés privées est la propriété générale.*

Le pays est la propriété générale de la nation. La terre est la propriété générale de la société. Il y a donc deux genres de propriété générale : *la propriété individuelle nationale* (appartenant à la nation en tant qu'individu, qui est en même temps une partie de l'homme collectif) *et la propriété générale sociale.*

La somme des propriétés nationales est la propriété de la société.

Qu'en résulte-t-il ? La société entière a le devoir de veiller sur *la conservation* de la liberté et de la propriété des nations. Chaque nation est en devoir de veiller sur la *conservation* de la liberté et de la propriété de ses membres. Tout individu qui est réellement libre et doué d'une raison pure, a le droit d'initiative dans le but de trouver les moyens de *conserver* la liberté et la propriété des nations. C'est là la vraie *conservation* et la seule équitable.

En vertu du droit de la liberté, le propriétaire dispose de sa *propriété privée, personnelle*, d'après sa volonté. *La propriété de famille* ou héréditaire doit être possédée par les successeurs.

Puisque la propriété *générale* est obtenue par succession, autrement dit puisqu'elle est *héréditaire*, personne n'a droit d'en disposer. Le pays, comme expression des propriétés individuelles, appartient à la nation ; comme propriété héréditaire, il appartient aux descendants de cette nation.

Dans la langue de tous les peuples, la propriété s'appelle *le bien*, la possession, c'est-à-dire la propriété acquise par la voie naturelle. Nous avons vu plus haut que dans le développement naturel des idées, des besoins et des droits de l'homme, les caractères fondamentaux de l'existence normale sont : la liberté, le libre travail, la propriété légitime, la justice, la paix, la famille et par conséquent la nationalité, le sentiment religieux et la libre adoration de l'Être suprême. Toutes ces choses prises ensemble cons-

tituent *la propriété générale* ou le bien public. Ainsi donc
tout bien particulier a un rapport immédiat avec *le bien
général* et avec tout ce qui le compose. Par conséquent
tout ce qui est renfermé dans l'ordre du *bien public* est la
condition de l'état normal de la nation. C'est sa *propriété*,
comme étant l'ensemble *des droits naturels de l'homme*.
Non-seulement la conservation de cette propriété, mais le
recouvrement de ce bien public, s'il a été enfreint ou
perdu, est le premier devoir de chaque nation. (Voyez
p. 191-194.)

§ 10. *Qu'est-ce la société?* C'est l'ensemble des nations.

§ 11. *Qu'est-ce que la nationalité?* La société serait une
abstraction, quelque chose de vague et d'indéfini, si elle
n'avait pas de parties intégrantes, déterminées avec pré-
cision. De même qu'il serait impossible de concevoir un
édifice sans connaître les différentes parties qui le composent, de même nous n'aurions aucune idée de la
société, si nous n'en connaissions pas les éléments constitutifs.

Ceux qui admettent exclusivement la société en rejetant
l'idée de nationalité ont l'esprit malade et ont à peine
droit à une discussion sérieuse. Ce sont des esclaves de
l'erreur. Leur raisonnement est malsain et tout l'écha-
faudage de leurs pensées croule par la base.

L'individualité est un caractère inhérent à l'homme.
D'après les lois de la nature, l'homme forme la famille
qui le complète (mari, femme, enfant) et qui, à son tour,
a sa propre individualité avec toutes ses qualités distinc-
tives. Il en est de même des nations. Les *peuplades* primitives ou les races qui avaient donné *naissance* (*nasci,
natio*) à des groupes organisés et rapprochés mutuellement par leur civilisation supérieure et par leurs diverses
habitudes, se divisèrent, suivant l'élan naturel et le développement progressif, en *grandes familles* ou *nations*.

C'est de cette manière que se constituèrent les nations

qui sortirent des familles ou *tribus* comme celles-ci
étaient sorties des *races* et en vertu des mêmes lois naturelles.

Une portion de la société, fixée dans un endroit qu'elle
choisit pour sa demeure durable, forma une nation. C'est
ainsi que fut établie la première propriété commune et
générale.

La liberté générale, *sociale*, c'est-à-dire la liberté des
tribus nomades, avait donné la *propriété nationale* aux
descendants de ces tribus, arrivés à un plus haut degré de
civilisation. La nation établie, tant qu'elle n'était qu'une
tribu errante sentait en elle-même la liberté vague,
sociale ; maintenant elle apprit la différence qui existait
entre elle et les peuples qui restaient nomades ; elle
sentit sa *liberté nationale*.

Comme la liberté *en général* est l'origine et la source de
toutes les lois primordiales, de même *la liberté définie,*
nationale, est l'origine et la source de tous les droits de la
nation. Nous savons que les droits naturels sont l'application des lois éternelles, immuables.

Une portion de la société, une fois élevée à la puissance
de nation, sentit le besoin d'élargir et de diversifier ses
droits. Elle reconnut en elle-même *son droit suprême,*
le droit de réaliser les droits nationaux. Pour atteindre ce
but, on édicta *les lois nationales.* Anciennement, elles
vivaient dans les coutumes, dans la mémoire des citoyens.

Les nations, au moment où elles se constituèrent, se
trouvèrent entourées par des *limites naturelles* ; et le pays
où elles s'établirent, après avoir quitté la vie nomade,
avait des aspects et des conditions conformes à leurs aspi-
rations ou en rapport avec leurs besoins.

Les mœurs, les usages, le costume, adapté au climat
ainsi qu'aux mœurs, et la *langue,* distinguèrent plus clai-

rement encore une nation d'une autre, et vinrent s'ajouter
aux *frontières naturelles*.

Tous ces éléments distinctifs forment la *nationalité*.

§ 12. *La patrie*. Le champ où se développent et se
réalisent les lois naturelles d'une nation, par l'application
de ses droits hérités après les pères (*patres*), s'appelle la
patrie. Le besoin de conserver les droits nationaux et le
sanctuaire qui les renferme, c'est-à-dire le besoin de
conserver la patrie, est naturel. Ce besoin devient à la
fois un attachement aux droits qui donnent à la nation
des avantages matériels et moraux et un attachement aux
avantages déjà acquis au nom de ces droits. Voilà pourquoi l'amour de la patrie n'est pas une vertu seulement,
comme on le croit, mais une loi suprême, une nécessité
de notre nature, et par conséquent un *devoir*.

La conservation de la nationalité, qui est l'ensemble des
propriétés individuelles de la nation, *garantit la conservation des droits de l'humanité entière*.

La somme des devoirs envers la patrie est le devoir collectif envers toute la société. (Comp.; p. 194, 204.)

§ 13. *État et nationalité*. L'histoire nous démontre
qu'autant la nationalité est naturelle, autant « *l'État* » est
une institution contraire à la nature. Je comprends le mot
État comme étant la signification de l'institution monarchique. Il n'y a pas d'États dans la nature, il n'y a que
des nations. Les monarchies sont tombées l'une après
l'autre, parce qu'elles étaient factices et qu'elles n'ont
jamais eu de base solide; les nations sont impéris-
sables.

Quelques-uns disent : « la nation romaine est morte ; il
n'en reste aucune trace. » Ce n'est pas exact. Il n'y a
jamais eu de nation romaine sur toute l'étendue de
l'empire de ce nom, pas plus qu'il n'y a eu de nation
autrichienne. Les peuplades non organisées ou provisoi-

rement organisées en États périssent ; les nations ne meurent pas.

Nous trouvons dans le monument le plus ancien de notre législation, que « *l'homme doit être maître des poissons de la mer, des oiseaux du ciel et de toute la terre.* » La portée de ces paroles est immense. D'un seul mot les limites de la domination humaine sont déterminées.

« Écoute Israël, dit notre grand législateur inspiré, — le Seigneur notre Dieu est le seul et unique Seigneur. » — « Écoute Israël, les cérémonies et les ordonnances que je t'annonce aujourd'hui, apprends-les et pratique-les. (*Décalogue, Deuteronome*, 5, 6.) Voilà tout le résumé de la politique.

« Aimez le Seigneur Dieu de tout votre cœur, de toute votre âme et de toutes vos forces, et votre prochain comme vous-même. » (*Moïse.*) « Il n'y a pas de commandement qui soit plus grand. » (*Jésus-Christ.*) Voilà toute la politique et toute la religion.

Puisque l'État n'est pas une institution naturelle, elle n'est pas *légale*, et comme telle, elle ne peut être ni admise ni respectée. La nation, au contraire, étant le produit du développement naturel de l'humanité, a le droit de figurer exclusivement dans l'organisme social. C'est une institution naturelle et par conséquent divine, légale. Chacun peut détruire l'œuvre humaine ; personne n'a droit de porter atteinte à l'œuvre de Dieu.

Sous l'influence des *idées d'État* naquirent et mûrirent *les idées de l'équilibre des États* qui n'est autre chose que *l'équilibre de l'oppression. L'équilibre des nations unies* doit le remplacer.

La nationalité peut être complète et incomplète. Elle est tellement nécessaire pour le maintien de l'ordre, que quelques peuples préférèrent créer une nationalité artificielle que n'en avoir aucune. Nous en voyons des preuves en Suisse et en Amérique. D'autre part, les institutions d'État sont tellement préjudiciables au développement progressif de la nation, que même les nations, pour la plupart homogènes, restent arriérées dans la marche générale de l'humanité. La Chine nous en présente un exemple palpable. Sans parler de la Suisse qui est le *symbole de l'unité future de l'Europe par les liens fédératifs des nations*, les « *États-Unis,* » comme on les nomme, c'est-à-dire les *citoyens confédérés* pour former *une seule nation nouvelle* des débris sauvés au milieu du cataclysme général, occasionné par les monarques, ont fait plus de progrès en moins de cent ans que la Chine en cinq mille, depuis Fo-hi, le premier législateur du genre humain.

La forme du régime des sociétés les plus anciennes était sans aucun doute le gouvernement *patriarcal.* Il prenait sa source dans la nature de la famille. Si ce gouvernement s'était développé d'après les principes des droits de la famille et de la nationalité, il se serait étendu à un nombre plus considérable de gouvernants, et même en gardant le caractère monarchique, il serait devenu *polyarchique* (gouvernement de plusieurs), en proportion du progrès des sociétés.

Le développement du *polyarchisme,* ou autorité commune, nationale, fut détruit par la violence. On brisa un échelon du progrès normal de l'humanité. Le monarchisme despotique avec toutes ses nuances, sans être nullement paternel, fut substitué à l'autorité patriarcale.

A peine développées, les nations n'ayant pas encore eu le temps de réaliser leurs droits nationaux tombèrent sous le joug, et toutes les sociétés s'enfoncèrent dans la voie où les avait poussées la violence. C'est ainsi que l'ordre naturel fut détruit, comme je l'ai dit plus haut, c'est-à-dire qu'il advint une *révolution,* qui dure toujours depuis plus de quarante siècles.

En considérant à ce point de vue l'histoire de l'huma-

..., on peut dire qu'elle a passé par deux grandes périodes : la période *patriarcale* qui a duré environ vingt siècles, autant que le permettent d'en juger les dates indécises qu'on a adoptées, et la période des *États* ou, comme nous venons de le dire, des monarchies.

Le siècle actuel est le commencement d'une nouvelle vie de l'humanité et de l'émancipation politique de toutes les sociétés. C'est *une grande introduction à l'union future de tous les habitants du globe* ; c'est le commencement de la *période nationale.* D'après les lois indiquées par la nature, une nouvelle puissance conforme à la volonté de Dieu paraîtra enfin sur la scène du monde politique : la *libre Majesté nationale.* (Comp., p. 205, 250.)

§ 14. *Justice.* — J'ai exposé plus haut le développement normal de la liberté et des droits de l'homme qui s'ensuivent ; j'ai fait voir les limites naturelles des propriétés collectives appartenant aux nations ; j'ai expliqué la formation graduelle des nations dans la direction naturelle, les principaux signes de nationalité, et les devoirs envers la patrie. J'ai démontré l'importance de la liberté nationale qui procure à chaque nation le droit d'appliquer à la vie pratique les lois de la nature sur le champ déterminé et tracé par la main de la Providence. Tous ces principes sont renfermés dans des formules qui forment les pierres fondamentales de la société bien organisée. J'ai dit enfin que la société représente l'universalité des nations.

Tous les *besoins* des nations, pris ensemble, expriment les besoins de toute l'humanité, par conséquent la *somme des lois nationales est la loi de l'humanité.*

C'est ce qui constitue *les liens de l'humanité. L'alliance naturelle sociale* résulterait de *l'application* des lois de l'humanité. Le moyen de remplir cette tâche de la société civilisée est *l'engagement réciproque des nations de recouvrer les droits nationaux perdus et de conserver ceux qui sont déjà reconquis.*

C'est en poursuivant cette seule voie que peuvent se réaliser les rêves des socialistes et des humanitaires, qui désirent sincèrement le bien de l'humanité.

L'union des nations conduira à *l'union sociale*.

Il en résulte le mot d'ordre suivant : *Tout le monde pour chacun, chacun pour tous*. L'autre côté de l'étendard des nations unies tendant à la liberté universelle devrait porter cette inscription : *Celui qui n'est pas avec nous est contre nous*.

Les éléments constitutifs de la société sont des dons divins et composent notre propriété incontestable. Pour en jouir paisiblement nous avons besoin d'observer la *justice*. C'est notre loi naturelle. Nous sentons en nous instinctivement un besoin matériel et moral de garder ce que nous a donné la nature. La patrie est le temple de la liberté et des droits nationaux. Donc, *conserver* sa patrie est un devoir que la loi naturelle commande à la nation. La source de ce devoir est *l'idée de justice* gravée dans l'âme de l'homme.

§ 15. *La défense*. — Du droit de *conservation* naît le droit de *défense*, qui n'est autre chose que la tendance à réaliser l'idée de justice dans le cas où celle-ci est menacée ou violée. Il n'existe aucun *droit offensif* dans la nature ; mais une agression est permise si elle a pour but la défense.

La défense étant une loi naturelle, il s'ensuit qu'il faut résister à une attaque et même la prévenir.

§ 16. *Qu'est-ce que la paix ?* — La paix est la conséquence immédiate de la loi de la justice réalisée. Violer un quelconque des droits de l'homme ou les lois qui en dérivent, c'est troubler la paix.

Le *besoin* de conserver la paix ou de la rétablir, fût-ce même à l'aide d'une guerre contre les violateurs, est donc une loi naturelle.

§ 17. *La guerre*. — La défense de la propriété *légale* est seule permise par la nature; il n'y a donc que la guerre *défensive* qui s'accorde avec la loi naturelle. La liberté d'une nation, son pays et ses droits nationaux constituent sa *propriété légale*. Celui qui s'est emparé ou veut s'emparer de cette propriété en partie ou en totalité est un violateur. Il y est parvenu ou il veut y parvenir à l'aide d'une guerre offensive, contraire aux lois de la nature. Anéantir les conquêtes de l'agresseur ou résister à une guerre offensive, c'est rétablir la justice, suivre la loi naturelle, faire une guerre défensive.

Évidemment, il résulte du droit de défense, que celui-là même qui *commence* la guerre contre les violateurs ne peut être considéré comme agresseur, car il ne fait aucune guerre offensive. Son agression peut être nommée défensive, car elle a pour but l'anéantissement des conquêtes et la défense de son droit.

Cependant la confusion et la violation de toutes les lois a donné naissance à un désordre d'idées si grand, qu'on appelle guerre offensive l'effort de celui qui prend le premier les armes. Il faut donc bien distinguer la guerre défensive de la guerre offensive; et cette différence est facile à saisir quand on considère les droits naturels de chaque nation.

La guerre est la lutte de deux forces, et dans l'état présent de la société elle se divise en guerre de *gens armés contre gens armés* et en guerre de *gens armés contre ceux qui ne le sont pas*. Les champions de la première sont des soldats; ceux de la seconde : la police des gouvernements, les gendarmes, les espions, les employés destinés aux enquêtes politiques, les geôliers et les bourreaux d'une part, les peuples sans armes de l'autre.

Depuis les temps les plus reculés, l'Europe ne cesse de continuer la guerre. Lorsqu'un ministre ou un journal déclare que « *la guerre est terminée et la paix rétablie,* » après une lutte de gens armés contre les gens armés, il

6

dit une absurdité ou il veut faire entendre que désormais commence la lutte de gens armés contre ceux qui ne le sont pas.

§ 18. *La neutralité.* — Dans le cas où d'un côté combattent les peuples au nom de la liberté, de l'autre la force qui viole les droits des nations, la neutralité est un crime de lèse-liberté et un opprobre.

§ 19. *Les peuples qui ont été poussés sur la voie de la civilisation par les conquérants leur ont-ils des obligations?* — Non. Tout progrès sur la route illégale, effectué par des mesures violentes est illégal, contre nature et par là même faussé. Rien ne nous prouve que les peuples civilisés par force n'auraient pas fait de plus grands progrès que leurs conquérants civilisateurs, s'ils s'étaient développés librement. Les nations ont le droit de chasser les conquérants qui se croient supérieurs dans le développement intellectuel, ou ceux qui veulent les civiliser sans en avoir été priés. Le progrès paisible et normal sortant du sein des institutions nationales, d'après les lois de la liberté, a plus de conditions de prospérité, qu'une civilisation forcément imposée.

§ 20. *Droits des nations.* — La condition de la *liberté individuelle d'une nation*, c'est la *liberté individuelle de chaque homme*, et *vice versa*. La condition d'assurer la propriété *individuelle* de chaque *personne* consiste à assurer la propriété *individuelle collective de la nation*. La liberté et la propriété sont la personnification de tous les intérêts moraux et matériels de l'homme. A plus forte raison, la définition de la *liberté et de la propriété nationales* est le problème vital de chaque nation.

J'ai démontré comment il faut comprendre la liberté et la propriété en général. La liberté et le pays composant la *propriété naturelle* de la nation, *son premier droit est l'organisation de cette propriété, l'organisation de la patrie.* C'est ce que j'appelle le droit de réaliser *les droits natio-*

naux (1). Il y en a trois; ils découlent des lois naturelles. Les voici :

1° Un tout ne peut être gouverné que par un tout; c'est-à-dire une nation ne peut être gouvernée que par une représentation de toute la nation. C'est le premier et le plus important des droits nationaux.

2° La conservation et le rétablissement des frontières naturelles ou le recouvrement du territoire envahi est le second droit national.

3° La définition du pouvoir national et la désignation exacte de ses actions est le troisième droit national.

Ces trois droits réalisés sont *les lois politiques et fondamentales*. Ils doivent être appliqués par les pouvoirs nationaux.

§ 2. *Souveraineté de la nation.* — La volonté générale de la nation a seule le droit de disposer de la nation. Mais, pour que ce principe soit inébranlable, il n'y a que les gens *éclairés* et *honorables*, élus dans ce but par toute la nation, qui aient le droit d'exprimer sa volonté. *Le suffrage universel immédiat* est une absurdité. Les citoyens qui ne sont pas éclairés ignorent en quoi consiste le bonheur de leur patrie. Ils ont le droit de *contribuer* au suffrage par l'élection des membres distingués appartenant à la même nation, mais ils n'ont pas le droit de décider des choses qui surpassent leur intelligence. Sans cela ils deviendraient l'instrument aveugle du despotisme et de l'intrigue. Je conclue donc que *la volonté générale de la nation est la volonté des représentants éclairés et honorables pris dans son sein pour délibérer sur ses besoins et ses lois.*

(1) En parlant des droits des nations, il faut préciser le sens de *la nation. La nation,* c'est un tout, *le peuple* n'est qu'une partie de la nation. On ne doit pas confondre ces deux mots. En parlant de plusieurs nations, on peut se servir de l'expression *les peuples,* mais il ne faut jamais prendre *le peuple* pour la nation.

La chose la plus importante est de faire en sorte que la souveraineté ne soit pas exposée aux influences des intrigants. Ce sont eux qui discréditent l'autorité du peuple, malgré la sincérité de ses sentiments, la droiture de ses tendances et la générosité de son but. C'est pour cette raison qu'il faut rejeter l'expression : *la souveraineté du peuple*, généralement adoptée, et reconnaître *la souveraineté de la nation*. Le mode d'élection est la base de la liberté politique.

La *vérité* et la *vertu* doivent être les seules *forces dominantes*. Ces deux principes unis ont exclusivement le droit de diriger la nation, à savoir : l'*aléthocratie* et l'*arétocratie*, ou la domination de la vérité et de la vertu. Sur ces principes s'élève l'*ethnocratie*, ou souveraineté de la nation (1).

§ 22. *Quelle doit être, en Europe, la forme de gouvernement?*

« Il faut bien faire attention, — dit Montesquieu, — à ne pas changer l'esprit de la nation. On ne peut pas changer tout subitement. »

Les gens les plus raisonnables s'imaginent que ce n'est que dans un pays monarchique que règne l'ordre. Il leur suffit que quelqu'un soit assis sur le trône. C'est triste, mais c'est ainsi! A ceux-là, ce n'est pas la peine de présenter ni faits, ni comparaisons historiques, de rien expliquer ou démontrer. Ils ne connaissent pas l'histoire; ils ne la comprennent pas ou ils ne veulent rien comprendre. Tel est l'organisme de leur esprit. Comme l'ob-

---

(1) Ἀλήθεια, la vérité; ἀρετή, la vertu. Il va sans dire que les principes *d'aristocratie* et *de démocratie*, comme *également nuisibles* à la prospérité des nations, ne peuvent pas être admis dans un pays civilisé et bien administré. Ce sont les restes de l'ancienne barbarie. — *Ethnocratie* veut dire la même chose qu'*autonomie*. On devrait se servir du premier terme, parce que le second est souvent pris dans une acception erronée.

stination est un des principaux signes de l'ignorance et de la nature corrompue de l'homme, un trop grand désir de convaincre les monarchistes pourrait changer leur obstination en résistance.

Or, dans toute réforme sociale, lorsqu'on désire le bien public, il faut avant tout éviter, autant que possible, le choc d'éléments contraires ; il faut intéresser tout le monde et ne blesser personne.

Mais, d'un autre côté, les nations exigent impérieusement que satisfaction soit donnée à leurs besoins. Le progrès ne peut se prosterner devant les rétrogrades pour cette seule raison que cela leur semble bon. A cet égard, certaines concessions pourraient avoir lieu.

Le gouvernement monarchique est contraire aux lois naturelles et aux tendances de l'humanité. C'est une forme passagère. Quand un groupe d'êtres organiques, formant une partie de la société humaine, sort de l'état animal et s'élève à la dignité d'une réunion d'hommes, c'est alors que se fait sentir le besoin du pouvoir et des lois déposées dans chaque nation par la main de la providence. Les citoyens éclairés et consciencieux ont seuls les moyens de faire cesser l'abrutissement de ceux qui ont encore besoin d'un berger. C'est toujours la *bonne volonté* qui joue le principal rôle.

« L'aristocratie se corrompt lorsque le pouvoir des nobles devient arbitraire. Quand les familles régnantes observent les lois, c'est une monarchie qui a plusieurs monarques et qui est très-bonne par sa nature ; presque tous ces monarques sont liés par des lois. Mais quand elles ne les observent pas, c'est un état despotique qui a plusieurs despotes. » (Montesquieu, *Esprit des lois*, liv. VIII, c. v.)

« Le principe de la démocratie se corrompt non-seulement lorsqu'on perd l'esprit d'égalité, mais encore quand on prend l'esprit d'égalité extrême et que chacun veut être égal à ceux qu'il choisit pour lui commander. L'esprit d'*inégalité* mène à l'aristocratie ou bien au gouvernement d'un seul; l'esprit d'*égalité extrême* conduit au despotisme d'un seul, comme le despotisme d'un seul finit par la conquête. » (*Esprit des lois*, liv. XI, c. ii.)

« S'il y avait un peuple de dieux, il se gouvernerait démocratiquement. Un gouvernement si parfait ne convient pas à des hommes. » (Rousseau, *Du contrat social; De la démocratie.*)

« C'est entre la liberté et le pouvoir absolu qu'il faut choisir. Tout est là. » (Jules Simon, *La liberté*, ch. III, *L'autorité*.)

Montesquieu et Rousseau sont d'accord pour admettre qu'il n'y a pas de forme de gouvernement qui convienne également à tous les pays.

Puisque quelques nations se sont accoutumées à une forme nominale, telle, par exemple, qu'une constitution « octroyée, » ayant l'apparence de la liberté; d'autres à une forme monarchique, sans entrer au fond de sa signification véritable, on peut leur laisser ces formes, à condition que les lois nationales seront établies et garanties. Ces formes nominales pourront encore subsister quelque temps, mais à l'inverse de ce qui se passe aujourd'hui, c'est-à-dire qu'il n'en restera que le nom. Ce sera *la forme pour la forme*. Et pourtant la forme réelle du gouvernement sera celle que les pouvoirs nationaux organiseront d'après leurs propres institutions, fondées sur les droits des nations. (Voyez, pour plus de détails, pages 273-88.)

§ 23. *Les peuples d'Europe sont-ils aptes à se mettre en république?* — « Des hommes politiques de nos jours prétendent qu'aucune nation ne doit avoir de liberté jusqu'à ce qu'elle apprenne à être libre. Ce principe est digne du sot qui avait résolu de n'entrer dans l'eau que le jour où il saurait nager. Si les hommes doivent attendre la liberté jusqu'à ce qu'ils soient devenus sages et honnêtes dans la servitude, ils attendront éternellement. » (Macaulay, *Critical and historical essays. Milton.*)

On dit : « Les peuples de l'Europe ne sont pas encore mûrs pour les formes de la république. » Alors quand mûriront-ils ? Faut-il donc attendre encore cinq ou dix mille ans pour qu'ils mûrissent ? Ce ne sera jamais que sous l'influence de *la lumière* et de *l'air libre* qu'ils pourront atteindre la maturité. La maturité est *la conséquence* de la liberté, ce n'en est pas la cause ; c'est une propriété inhérente à ce fruit sublime ; c'est la récompense de la liberté et non pas un droit à l'obtenir.

On fait d'autres objections : « Ce pays est trop grand. » — Alors il faut l'amoindrir. — « Celui-ci est trop petit. » — Il faut l'agrandir. L'autonomie provinciale amoindrira l'un, et la fédération agrandira l'autre.

On dit encore : « On ne peut pas disséminer les forces nationales. » — Qui parle de disséminer ? Il faut, au contraire, les concentrer à l'aide de la fédération.

On ajoute : « Qu'adviendrait-il si l'Europe était partagée en une foule de petites républiques ! » — Vaut-il mieux qu'elle soit partagée en une foule de provinces, de grandes et petites monarchies, régies chacune par un despote ? Le système fédéral peut réunir toute l'Europe en un seul corps. L'union des monarques est-elle meilleure que l'union des nations ?

« Une république au milieu d'autres États, — disent les autres, — est dans une position dangereuse. » — C'est vrai ; c'est une brebis parmi les loups.

D'autres encore ont un autre avis : « Toutes les républiques ont péri. » — Elles sont tombées sous la violence des despotes, ou parce qu'elles étaient despotiques elles-mêmes. D'ailleurs cela prouve que tous les peuples doivent tâcher d'introduire simultanément les mêmes formes de gouvernement, ou du moins des formes analogues. La monarchie mexicaine était beaucoup plus en danger en Amérique que la Suisse en Europe.

Enfin l'état de choses présent est-il bon? Les peuples ont-ils jamais payé des impôts tellement lourds, gémi sous une dette aussi énorme, entretenu tant de troupes, bâti tant de forteresses, versé tant de sang que de nos jours? Mais les partisans de la monarchie sont indifférents à tout cela.

On peut donner à la forme nationale du gouvernement l'apparence d'une monarchie où cela paraît indispensable. Qu'importe! Un roi sans pouvoir cesse-t il d'être un honnête homme, s'il l'était auparavant? N'a-t-il pas une foule de moyens de devenir utile à la nation s'il l'aime véritablement? Est-ce que la dignité de roi consiste à conspirer avec les souverains, à intriguer avec ses ministres, à tromper sa nation, à la charger d'impôts sous tel ou tel prétexte? On peut accorder à un monarque, si la nation ne peut nullement s'en passer, une part plus ou moins grande dans l'administration, selon les besoins du pays et l'esprit des habitants; mais le principe de la liberté des nations et de l'indépendance, sous le gouvernement des lois réelles, nationales, doit être introduit une fois pour toutes. (Comp. p. 313-516.)

§ 24. *Quelle nouvelle forme de gouvernement peut-on substituer aux anciennes?* — Ne parlons plus de la monarchie, dont le seul nom est si antipathique à tant de monde; ne parlons plus de la république, qui effraye tant d'autres personnes. Cherchons plutôt un terme général dans *la nature* même des choses pour désigner la forme de gouvernement. Cherchons un antidote contre *le communisme* des souverains et des monarchistes.

Personne ne saurait contester que le but définitif de la Société est *l'union universelle*, et que telle doit être la tendance de toutes les nations. Ce n'est qu'alors que *la paix universelle* pourrait être établie, car *l'amour* est une

loi naturelle et la haine est une déviation de la nature.
Par conséquent, *la fédération générale* est une forme de
gouvernement indiquée par la nature même. Comment y
parvenir?

Nous avons vu que *la vérité* et *la vertu* doivent être les
seules forces dominantes. Qui doit gouverner la société?
La loi. Pour que la loi ne se trompe pas, elle doit ren-
fermer dans son esprit l'intelligence et l'honnêteté, *la
pensée et la conscience*, la pensée *purifiée par la conscience* et la conscience *éclairée par la raison*, en d'autres
termes, *la vérité et la vertu*. Il ne peut y avoir d'autre juge
suprême, pour décider si la loi est bonne ou mauvaise,
que la suprême autorité de l'homme *éclairé et consciencieux : la raison libre et pure*, théorique et pratique, la
pensée pure, l'*intelligence*. Donc la forme naturelle du
gouvernement n'est pas la monarchie, mais *la noarchie*
ou *la nomarchie*. Le premier terme veut dire l'autorité de
la raison et le second celle de *la loi*. La *noarchie*, comme
pouvoir et comme gouvernement, crée *les forces* à l'aide
de la vérité et de la vertu, et par là elle donne à *l'aléto-
cratie* et à *l'arétocratie* deux éléments essentiels pour
l'exécution de bonnes lois; à l'aide de *la nomarchie*, elle a
la cour suprême, qui représente *l'ethnocratie* ou *la majesté
nationale*.

La vérité et *la vertu* sont donc des forces de la nation;
la raison et *la loi* sont des pouvoirs gouvernants. Telles
sont les lois naturelles qui devraient être introduites dans
l'organisation normale de la société.

Appelons *ethnopolie*, ou *puissance nationale*, le corps
politique soumis au gouvernement de la raison et, par
conséquent, de la loi, en le considérant comme *communauté nationale*.

Pour exprimer *la volonté générale*, il faut le concours
de *la volonté de tous*; en d'autres termes, pour former un
corps représentatif, il faut *une assemblée générale de la*

nation, c'est-à-dire *l'agora*. Les membres élus par la nation, comme pouvoir suprême, pour déterminer la portée
de ce pouvoir et pour définir le mode de se gouverner,
forment *un corps intermédiaire* entre la nation considérée
comme majesté et la nation considérée comme subor-
donnée à la majesté nationale. Ces membres, comme mé-
diateurs, occupant la position centrale, porteront le nom
de *mésagores*. Le corps collectif des représentants de la
nation, créé de l'élite des citoyens éclairés et vertueux,
devrait être considéré comme *LA NATION MÊME,
comme une unité collective, mais purifiée par la liberté et
placée sur la voie d'un progrès normal*, comme le représentant *d'un homme normal*. Il pourrait être nommé *corps
mésagorique*.

L'intérêt de chaque nation étant de trouver le plus
grand nombre d'alliés pour la défense et la sûreté commune, tous les pays doivent s'unir à l'aide *d'un congrès
international*, composé des membres élus dans les chambres mésagoriques, pour former une confédération.

Appelons *cœnopolie* ou *puissance sociale* l'union de
plusieurs ethnopolies en confédération. Plusieurs chambres mésagoriques prendront part à l'élection du *conseil
cénopolique* (1).

Si la volonté de la nation, c'est-à-dire du corps mésa-

---

(1) Il faut distinguer *le pouvoir* et *la force*. La nation qui veut
garder sa liberté ne doit pas admettre que le pouvoir soit une force,
ni que la force subsiste comme pouvoir. Les mots grecs indiquent
parfaitement cette différence. Ἀρχη veut dire l'autorité, le pouvoir
légitime, la fonction, même le mérite. Le verbe χρατέω signifie avoir
une prépondérance, une force. (Comp., dans *La décad. de l'Eur.*, les
extraits des constit. amér. et suisse, p. 310.)

Νόος, veut dire la raison, l'intelligence; νομος, la loi; ἔθνος, nation;
πόλις, *civitas*, cité, la nation unie en corps politique; πολιτης, citoyen;
ἀγορά, l'assemblée du peuple; μεσον, intermédiaire; χοινός, commun;
το χοινόν, le bien public; χοινοπολία, cité commune, puissance
sociale.

...gorique est de conserver la forme monarchique nominale
la nation choisit *un roi* à l'aide d'un vote immédiat,
émané de la chambre mésagorique, et dépose entre les
mains de l'élu *les insignes* de la *dignité royale*. L'élection du roi doit se renouveler tous les cinq ans.

Si le conseil cénopolique veut que *la cénopolie* soit re-
présentée par une seule personne, les ethnopolies alliées
choisissent *un archi-roi* à l'aide du suffrage de tous les
mésagores réunis et déposent, par leurs délégués, entre
les mains de l'élu les insignes de *la dignité archi-royale*.
L'élection de l'archi-roi doit se répéter tous les cinq ans.

Il doit y avoir, en Europe, autant d'ethnopolies que de
nations qui ont déjà atteint le développement historique
complet. Il serait à désirer qu'il y ait le moins de cénopolies possibles. En aucun cas on ne devrait en créer plus
de dix. Les chefs-lieux des cénopolies seraient les villes
centrales des pays confédérés.

La liberté et l'union des ethnopolies conduiraient à la
fédération cénopolique. La liberté et l'union des cénopolies
seraient une garantie de la liberté générale, de la paix
universelle et de la future *union sociale*. (Comp. p. 286 et
suivantes.)

Le *corps mésagorique* ainsi que *le conseil cénopolique*
auront pour but l'engagement réciproque des nations de
*recouvrer les droits nationaux perdus et de conserver ceux
qui sont acquis*. Leur mot d'ordre doit être : *Tous pour
chacun. Qui n'est pas avec nous est contre nous.*

La providence a indiqué aux hommes les lois naturelles
et aux nations les lois nationales qui doivent émaner des
lois primordiales. Il en résulte que ce pouvoir seul pro-
cède de *la volonté divine*, qui est national et organisé
d'après ces lois. Voilà pourquoi toutes les décisions des
pouvoirs seront publiées *au nom de sa majesté nationale*.

Chaque constitution doit être basée sur *les lois fondamentales* suivantes :

1. La nation possède le pouvoir suprême;
2. Le pays est la propriété de la nation et de ses descendants;
3. La nation se gouverne par elle-même.

Ces lois découlent de la liberté de l'homme, sont la condition essentielle de la liberté politique et ne peuvent être ni affaiblies, ni enfreintes: (Voyez, dans la *Décadence de l'Europe*, l'esquisse d'une constitution applicable à tous les pays, ou *principales lois du code national*, p. 298.)

§ 25. *Problème des sciences.* — D'après ce que nous avons vu dans la première partie de cet ouvrage, il faut convenir que l'Europe ne peut être nommée libre. Bien que le système politique que je viens de tracer ne soit pas inventé, mais puisé dans la nature même des choses, il n'est pas donné à une seule personne de proférer le dernier mot sur une question aussi grave que la réorganisation de la société. C'est aux sciences, c'est à *une assemblée des hommes instruits et consciencieux* par-dessus tout qu'il appartient de définir la liberté pratique et d'indiquer aux peuples les moyens d'acquérir leurs droits.

J'ai déjà dit que l'*autorité suprême*, dans tous les rapports sociaux, doit être *la raison*, mais il faut qu'elle soit complétement *pure* et *libre* elle-même. Pour atteindre ce but, toutes les sciences naturelles et exactes, de même que la psychologie, l'histoire, la jurisprudence et la théologie de tous les cultes, devraient se tendre les mains et marcher de concert, en formant un corps collectif de toutes les branches du savoir. Le nom qui lui conviendrait le mieux serait celui de *congrès orthologique* universel, qui agirait unanimement et déciderait irrévocablement des droits de l'homme et des nations, des rapports politiques et de la forme de gouvernement dans toute l'Europe (1).

(1) Ορθος (orthos), signifie à la fois juste, droit, fidèle, conforme à la vérité; Ορθαι πολιτειαι (orthai politeiai) désignent des gouvernements justes, conformes à la vérité.

Il y a, en conséquence, à établir comme loi constitu-
tionnelle, que tous les pouvoirs principaux émanants du
corps mésagorique seront confiés à des hommes spéciaux,
tels que les *médecins*, les *historiens*, les *naturalistes*, les
théologiens, les *philosophes*, etc., afin d'éviter l'exclusi-
visme. Un comité orthologique devrait être élu dans
chaque pays pour former le *corps législatif*.

Puisque toutes les sciences ont pour but de trouver les
conditions d'une vie normale sociale, le but d'un congrès
orthologique, c'est-à-dire le but *d'une philosophie universelle appliquée* serait de créer la *science de l'existence
normale de l'humanité* au point de vue physique et moral.
Cette science peut être appelée *orthopoliologie*, dans ses
rapports avec la société, ou brièvement *orthologie*.

De cette façon, la raison unie à l'expérience, la théorie
à la pratique, la *vérité à la vertu* pourront rendre de
véritables services à la société.

Le *congrès orthologique* serait l'expression de la vraie
philosophie, dont le but définitif est d'appliquer la théorie
à la vie pratique. Trouver l'harmonie entre l'homme et
Dieu, trouver les conditions de notre existence normale,
tel est le problème de la *philosophie nouvelle*.

7

III

TRANSITION

Qui ne sait que tout changement social est dangereux? mais qui ne sait qu'un changement est inévitable. Cela doit arriver tôt ou tard ; mais si cela arrive *trop tard*, si la société, impatiente et mécontente depuis longtemps, arrive au même degré de folie et de rage que pendant la grande Révolution française, à qui en incombera la responsabilité? Les plus innocents en pâtiront, tous en souffriront.

Les monarques actuels d'Europe ne devraient pas oublier que, pendant trente-deux siècles à peu près, depuis 1308 avant J. C. jusqu'à nos jours, environ *quatre cents souverains* ont été assassinés. (Voyez *Hist. abr. chron. de tous les souverains de la terre qui ont péri de mort violente.* Paris. 1815.)

Le régicide est non-seulement un crime, mais encore une sottise. Cependant il faut appeler l'attention sur cette déviation morale, qui s'accentue chaque jour davantage. Pendant dix-huit années, de 1850 à 1868, il y a eu dix-huit attentats commis sur les souverains dans la seule Europe. Lorsque l'histoire universelle nous montre *une mort violente* de souverain dans l'espace de *sept années*, l'Europe nous présente, en moyenne, *un attentat par an!* Folie, sans doute ; mais pourquoi les monarques sont-ils le plus souvent la cause de cette folie? Le danger des souverains a augmenté et la patience de la société a diminué.

Il fut un temps où l'Europe attendait l'initiative de l'affranchissement de tous les peuples les yeux tournés vers la France. Malheureusement la France, plongée dans le matérialisme, oublie sa mission. Si Napoléon III avait rompu avec les vieilles traditions du *césarisme* et deviné l'esprit du temps, que les flatteurs hypocrites ne lui permirent pas de comprendre; s'il avait fait appel aux peuples pour s'appuyer exclusivement sur eux et agir de concert; si au lieu d'être le monarque de la France, il avait voulu devenir le représentant des nations libres, l'*archiroi* des puissances nationales confédérées; si, des hauteurs du trône français, il était monté encore plus haut, jusqu'au sublime degré de la confiance des peuples unis, il se serait élevé un monument éternel et aurait donné un exemple unique dans les fastes de l'humanité. L'Europe a toujours de nouveaux Césars! Mais qui est-ce qui va secouer le joug qui pèse sur toutes les nations?

Les nations n'ont pas le temps d'attendre. C'est à elles qu'appartient maintenant l'initiative. Elles ont le droit de commencer elles-mêmes l'acte de la réforme de la société. La situation présente est insupportable; la *paix armée* est presque aussi coûteuse que la guerre, les maux ne font qu'augmenter partout; dans bien des pays, la constitution n'est qu'un édifice sans base.

L'idée d'un *congrès universel* composé d'un grand corps de sciences, de justice et de publicité, doit être reprise et appliquée par les nations; mais il n'est plus temps de réunir un congrès ignominieux d'États. Nous ne sommes plus à l'époque où six à huit ministres décidaient du sort de millions d'hommes.

Pour les hommes de bonne volonté, c'est non-seulement un droit, mais un devoir sacré de s'assembler en un congrès universel de toutes les nations d'Europe, de se jurer une union éternelle pour la défense commune et la poursuite d'un but commun, et de poser aux monarques en *ultimatum : la volonté des représentants unis des droits nationaux.*

Les nations doivent avoir le courage de dire unanimement : *Nous voulons être libres et nous le sommes.*

Le moment où elles prononceront ces paroles sera la première et la plus brillante victoire de la liberté.

IV

ORGANISATION D'UNE REPRÉSENTATION PUBLIQUE DE LA VOLONTÉ DES NATIONS UNIES.

Plus de sociétés secrètes! *La vérité* et *la vertu* ne craignent point la lumière. Marchons au nom de celui qui prêchait *ouvertement*, et du sein du peuple sortiront les charpentiers et les pêcheurs qui deviendront des apôtres. Au nom du *Sauveur*, marchons *au salut*.

§ 1er. *Base de l'association.* — L'action des représentants de la volonté des nations unies aura pour base la *lumière* et la *publicité*. Le nom qui leur convient le mieux est celui de *phanérotes* (1).

(1) Les mots grecs suivants caractérisent admirablement ce nom : φάνης, φανός, φαίνομαι, φαίνω, ἐφίημι, φαινός, φανέρωσις, ἔρος, φανερὸς, φανερως, φάναι, φαναῖος, φάναιος. Chacun d'eux a une signification conforme au nom de *Phanérotes*. *Phanès*, le soleil qui paraît toujours nouveau; l'amour qui, suivant Orphée, est sorti le premier du chaos. *Phanos*, une lampe, un accusateur public. *Phainomai*, persévérer. *Phaino*, je montre, j'annonce, j'explique, j'éclaire, j'allume. *Phanérosis*, manifestation, déclaration. *Éphiémi*, pousser, en référer à un jugement suprême. *Phainos*, lumineux, magnifique, public. *Phanai*, démontrer. *Éros*, amour, *Phanaios*, pur, immaculé, brillant, lumineux, magnifique. *Phanaios*, bague, rond, cercle.

Il ne faut pas confondre ce mot avec la société patriotique des Grecs qui s'appelaient *Phanariotes*, du nom d'un quartier de Constantinople.

Dans le but de former *un congrès international* qui déciderait irrévocablement des destinées des peuples, le mode suivant peut être adopté par les amis de l'humanité. A la veille d'un grand danger, à la veille d'un bouleversement social, au moment d'oser un pas décisif, lorsqu'il s'agit de sauver la société, *tout citoyen instruit et honnête*, qui peut se dire qu'il a la conscience pure et comprend les besoins de sa nation, est le *représentant de la volonté nationale*, comme un homme *libre d'esprit*. Il peut *commencer*, au nom de Dieu et du bien public, l'œuvre de l'affranchissement de l'Europe.

Plusieurs citoyens *libres d'esprit* prennent le nom de *phanérotes* et composent *l'alliance publique des défenseurs de la véritable liberté et des lumières*. Ils s'obligent à demander aux autorités actuellement régnantes, la reconnaissance des droits de leur patrie ou la restitution de ceux qui ont été ravis par les violateurs. Ils ont le droit de l'exiger au nom de leur nation respective ou bien au nom de la société, s'ils appartiennent à plusieurs nations.

Ils auront pour devise : *Qui n'est pas contre nous est avec nous*. Mais ceux qui veulent garder la neutralité sont leurs adversaires.

Leur symbole *visible* doit être *une croix sur le soleil entouré d'un anneau*. Tout est là : fraternité, égalité, liberté, amour, union, christianisme.

Celui qui accepte ce symbole ou le porte, annonce, par cela même, qu'il accepte *la profession de foi* des phanérotes et qu'il est prêt à toutes les démarches, à tous les discours, à toutes les actions que commande le courage.

Toutes les nations européennes doivent entrer simultanément dans la confédération.

§ 2. *Profession de foi des phanérotes*. — Chaque citoyen qui veut être membre de *l'alliance universelle des défenseurs de la liberté pure et des lumières* doit déclarer simplement qu'il admet les droits suprêmes de l'humanité et les principales lois du code fondamental basées sur les droits primordiaux. Ce sera sa profession de foi. (Voyez ci-dessus : *Droits suprêmes de l'humanité, Droits nationaux* ou les *lois fondamentales*, et, dans la *Décadence de l'Europe*, pages 155, 298 et suiv.)

§ 3. *Formation.* — La formation de l'alliance est simple et n'exige aucune formalité. Chaque citoyen qui est membre de l'association doit posséder *les principales lois nationales fondées sur les droits généraux de l'humanité*, et, comme il les reconnaît, il doit tâcher de gagner au moins dix adhérents dans l'espace de dix jours. Renoncer à tout esprit de parti est évidemment une des plus grandes conditions de l'union.

Cent *phanérotes* réunis choisissent parmi eux un supérieur qui peut s'appeler *centurion;* dix *centurions* choisissent un *millarion;* dix *millarions* composent un *comité* ayant dix mille *phanérotes* sous ses ordres et choisissent un *myriarque.* Chacun des *millarions* compose un petit manuel comprenant les modes de communication.

Dix *myriarques* composent un comité représentant cent mille phanérotes, et, après entente mutuelle, ils s'accordent réciproquement le droit de représenter séparément ce nombre. Ceux-ci choisissent encore un supérieur qui représente un million de membres confédérés et s'appelle *protagore.*

Les supérieurs des *protagores* ne possèdent aucun pouvoir, excepté le devoir de publier ouvertement ce que commande leur profession de foi, et la profession de foi ne doit contenir autre chose que les droits des nations. Aussi, sous aucun prétexte, l'élection des supérieurs ne peut avoir lieu à l'aide d'un vote immédiat de la masse.

§ 4. — *Les mouvements de la société* seront déterminés par un code spécial, rédigé dans l'assemblée des supérieurs. Les *phanérotes* s'engageront à remplir les ordres des supérieurs, qui seront obligés de proclamer leurs droits *au nom des nations*. Les nations privées de leurs droits doivent non pas s'abaisser à des prières, mais *faire connaître leurs désirs légitimes*.

Les chefs unis entre eux ont le droit de composer, *dans chaque pays*, un congrès, de *représenter aux gouvernements actuels* les besoins de leur nation, et communiquent la réponse des gouvernements aux *phanérotes*. Les délibérations des membres principaux de l'alliance doivent être fréquentes. La conduite pacifique de la confédération publique des défenseurs de la liberté et de la lumière doit être un témoignage que les *phanérotes* sont dignes du nom qu'ils portent.

Les travaux des *phanérotes* ne peuvent cesser que lorsque tous leurs buts seront remplis, quand tous les droits seront rendus à la société.

§ 5. *But essentiel de la société des phanérotes.* — Cette société a pour but *la conservation ou la revendication des droits naturels de toutes les nations de l'Europe*. Pour atteindre ce but, les *phanérotes* sont obligés de préparer les nations à l'élection des corps *mésagoriques*. Le moment où les nations formeront des corps *mésagoriques* et des comités *orthologiques* sera l'avénement d'une réforme radicale, pacifique, et le commencement d'un nouveau progrès dans la voie d'une *liberté normale*.

§ 6. *Premier devoir des phanérotes.* — Le premier devoir des *phanérotes* réunis est de demander à tous les gouvernements actuels de l'Europe l'annulation des frontières artificielles qui existent jusqu'à présent, l'annulation des douanes et de toutes les barrières qui entravent la libre circulation, l'échange d'idées, l'industrie et le commerce.

§ 7. *Questions principales à discuter dans les assemblées.* — 1) Les codes existant actuellement en Europe (constitutions octroyées, oukases, hatti-chérifs, etc.) sont-ils légitimes ou non, c'est-à-dire sont-ils des lois ou des iniquités? 2) Les nations européennes sont-elles lésées par les monarques et leurs ministres? 3) Quelles sont les lois générales de l'humanité, et particulièrement des nations? 4) Les monarques européens ont-ils conclu entre eux une conspiration secrète contre la liberté des peuples ou non?

§ 8. *Qu'est-ce qne la révolte? Ce que les peuples d'Europe doivent savair avant tout.* — La *révolte*, c'est la désobéissance à une autorité légitime. Or, l'autorité légitime est celle qui est élue par la nation entière. En Europe, le pouvoir légitime existe dans quelques pays seulement, *mais tous ces pays dépendent de la conspiration diplomatique et souffrent par là à l'égal des autres. Le pouvoir* est la soumission à Dieu et à ses lois; *la violence* est la révolte contre Dieu et contre ses lois. Il en résulte que la soumission au pouvoir est la soumission à Dieu; la soumission à la violence est la révolte contre Dieu. L'obéissance au pouvoir conduit à la *liberté éternelle*, L'obéissance à la violence conduit à la *servitude éternelle*. Telle est la signification du ciel et de l'enfer. (Comp. p. 292.)

Il faut que le peuple connaisse avant tout ces vérités. En outre, il faut qu'il sache que les impôts qu'il paye, l'armée qu'il entretient, les dettes qui pèsent sur lui profitent non à son pays, non à ses besoins, mais à une multitude innombrable d'hommes de toutes classes qui couvrent de leur propagande l'organisation du complot diplomatique. Il est du devoir des *phanérotes* d'en instruire les ignorants. *Si vis pacem para bellum.* (Voyez p. 335.)

V

Arme défensive

L'arme la plus redoutable contre des ordres iniques est *la résistance passive* fondée sur les droits de l'homme et des nations. Cette arme deviendra invincible, si elle est employée *simultanément* par toutes les nations. *L'union fait la force.*

VI

AVERTISSEMENT

Que les monarques et tous les citoyens se souviennent de cette vérité exprimée par Montesquieu : « *Les dangers qu'on prévoit sont souvent moins dangereux que ceux qu'on ne peut pas prévoir.* »

VII

PRINCIPES POLITIQUES DU CHRISTIANISME (1)

Voici les cinq principes cardinaux du christianisme. 1) Aimez votre prochain comme vous-même. 2) Jésus-Christ a *sauvé* l'humanité, cela veut dire qu'il a donné des *ordres* et des *préceptes* conduisant à la liberté du corps et de l'âme, terrestre et éternelle, au *salut*. Les degrés qui mènent à la liberté sont : le *christianisme, la fraternité, l'égalité.* L'union fait fleurir *la liberté politique,* dont *la liberté chrétienne* est la source; et la liberté politique ouvre le chemin du ciel. 3) Au moment où tous *les droits des nations* étaient foulés aux pieds, Jésus-Christ vint donner *une consécration* à ces droits. 4) Le mariage, donc la famille, est la pierre fondamentale des nations et de la société. 5) La forme du gouvernement, d'après le christianisme, doit être *républicaine.*

Le Seigneur dit, par la bouche d'Osée : « Dans ma co-

---

(1) J'affirme, bien que mon assertion puisse paraître trop hardie à quelques-uns, que l'interprétation de l'Écriture sainte est erronée jusqu'à présent. Son esprit est faussé. Je crois l'avoir prouvé, m'appuyant exclusivement sur l'exégèse des Pères de l'Église, et principalement de saint Thomas d'Aquin. Le lecteur trouvera ma manière d'envisager le christianisme au point de vue politique dans la *Décadence de l'Europe,* p. 205, 340-440.

tère, je te donnerai un roi. » (*Dabo tibi regem in furore meo.*) Et Jésus : « Vous serez présentés à cause de moi aux gouverneurs et *aux rois.* » (S. Math., x, 17, 18. S. Marc, xiii, 9. S. Luc, xii, 11.)

Le code de Jésus-Christ est le meilleur de tous les codes connus.

Depuis plusieurs siècles, la religion est devenue un instrument politique que saisissent tour à tour despotes et libéraux, oppresseurs et opprimés, progressistes et réactionnaires.

Ordinairement les notions de christianisme, d'Église et de clergé sont tellement confondues, qu'on les prend souvent les unes pour les autres. On attribue indistinctement à l'Église les abus et les fautes du clergé, et tout cela retombe sur le christianisme.

Mais l'idée primitive du christianisme, envisagé au point de vue politique, est éminemment libérale.

L'enseignement de Jésus-Christ est aujourd'hui méconnaissable, lorsqu'il est interprété par les doctrinaires ignorants ou les hommes de mauvaise foi. Une croix entre des mains pures sera toujours le symbole de la liberté.

En elle réside la vérité suprême. La plus grande vérité donne naissance à la plus grande justice; la plus grande justice à la concorde. La concorde parfaite ne peut exister que dans la véritable fraternité; la fraternité existe seulement là où il y a une famille commune. La famille commune n'existe que dans une nation. La communauté de toutes les familles ou de toutes les nations ne peut exister que dans l'union; l'union ne peut exister que dans l'Église chrétienne.

Donc, le baptême est non-seulement le symbole de la croyance chrétienne, mais encore le symbole de la *fraternité,* de l'*égalité* et de la *liberté.*

Il y a une signification profonde dans le classement même de ces mots. La grande Révolution a proclamé comme une nouveauté, des choses qui avaient été données à l'humanité par Jésus-Christ il y avait dix-huit siècles; mais, en les proclamant et en les copiant, elle les a placées en ordre inverse : *liberté, égalité, fraternité*. Voilà pourquoi les idées de cette révolution ne se sont pas réalisées jusqu'à présent.

Cette erreur est encore aujourd'hui celle de tous les faux apôtres de la liberté. Lorsqu'il s'agit de la liberté politique, pour y parvenir il faut d'abord commencer par la fraternité. Si la fraternité existe, l'égalité lui succède, et ce n'est qu'alors que la liberté apparaît, comme le fruit de l'*union chrétienne*, réalisée par le baptême qui en est le témoignage.

La *fraternité* découle du baptême et garantit la concorde. La concorde fraternelle mène à l'*égalité* ou à la jouissance commune des droits de l'homme. Donc, l'égalité ne peut être obtenue sans fraternisation et sans concorde. Ce n'est que cette égalité qui peut produire la véritable *liberté*.

Les degrés qui mènent à la liberté sont donc : 1° le *christianisme*, 2° la *fraternité*, 3° l'*égalité*. Ces trois degrés se contiennent mutuellement l'un dans l'autre et tous les trois dans un seul. De cette façon, ils composent *l'union*.

L'union de la *fraternité* et de l'*égalité* chrétienne produit la *liberté poitique*, dont la *liberté chrétienne*, c'est-à-dire l'affranchissement de tout mal, est la source primitive. La *suprême liberté* en est le couronnement.

C'est donc dans l'assemblée des fidèles, dans la société chrétienne, dans ce corps fraternel uni par Jésus-Christ, dans cette εκκλησια, que les lois du Seigneur pourraient être exécutées. La liberté, le salut, le royaume des cieux sont au prix de leur observance. Hors de cette assemblée, dans la dispersion, dans les groupes désunis, dans les membres disjoints et isolés, il n'y a pas de liberté, il n'y a pas de salut. Voilà pourquoi on dit : *extra ecclesiam nulla salus*. Hors de l'Église pas de salut! Et la royauté « n'est pas de ce monde. »

Le choix de la voie à suivre dépend de *la volonté* de chaque homme, c'est-à-dire de sa liberté individuelle, de son *libre arbitre*.

In voluntate unitas. In unitate libertas. In libertate salus.

C'est aussi dans la volonté des nations que repose l'avenir de l'Europe.

ORGANISATION DE L'EUROPE

D'APRÈS LES PRINCIPES ÉTERNELS ET IMMUABLES, SUR DES
BASES POSÉES PAR LA MAIN DE LA PROVIDENCE.

La population actuelle de l'Europe, si l'on y compte quelques provinces asiatiques entre le Volga et la chaîne de l'Oural, dépasse le chiffre de trois cents millions d'habitants.

On distingue en Europe *quatre races principales* et plusieurs secondaires.

Quelques-unes d'entre elles, ayant été mêlées à la suite du désordre séculaire, perdirent leur nom ancien, ne surent encore se faire une dénomination qui désignât leur individualité, et sont envisagées comme une agglomération de « sujets » dont les traités disposent à leur insu. Elles sont néanmoins à la veille de former des nations séparées. Il y en a, parmi elles, qui ont des limites distinctement tracées ; il y en a d'autres auxquelles il faut venir en aide en leur indiquant les conditions fondamentales d'une existence politique indépendante.

Pour parvenir à l'organisation normale de la société, il faut commencer par grouper les nations européennes de manière à ce que les frontières naturelles, les traditions, les sympathies mutuelles et les tendances innées soient respectées. En outre, il leur faut assurer la possession des mers, qui sont leur *bien commun*. Enfin, dans ces pays où les nationalités sont confondues, il est indispensable de donner la priorité aux autochthones avant les conquérants, ou bien à la population prépondérante avant les civilisateurs intrus. En un mot, il faut créer *une union positive* basée non sur la volonté des souverains, mais sur les *droits des nations*, d'après les principes éternels et immuables.

Il va sans dire que certaines concessions mutelles sont inévitables, vu la difficulté de trancher quelques questions embrouillées depuis des siècles.

Sous le nom de *frontières naturelles*, j'entends : 1) l'ancien territoire, 2) les mers, 3) les grands lacs, 4) les fleuves, 5) les montagnes, 6) les langues (mais non pas les dialectes, dont il y a par centaines et qui n'ont jamais atteint le développement littéraire complet), enfin 7) les caractères de la civilisation présente. Évidemment la parenté, les traditions du passé, les mœurs et usages, l'histoire commune, même les caractères distinctifs de l'organisation physique, entrent aussi dans le domaine des limites naturelles.

A proprement parler, *les races* n'existent plus en Europe. Les *nations* d'aujourd'hui sont les descendants des races primitives nomades, des anciennes peuplades, qui gagnèrent avec le temps leur *individualité*, en se développant de plus en plus, et se fixèrent sur un terrain qu'ils choisirent pour leur patrie. Les pays de ces nations furent changés en *États* ou monarchies sans limites, à la suite des conquêtes et des traités auxquels les représentants légitimes de la population n'ont pris aucune part.

Admettons néanmoins les races qui diffèrent réellement entre elles (1).

_____

(1) Tous les chiffres concernant la population, les races et les nationalités, sont appuyés sur des recherches ethnographiques exactes et récentes.

La race germanique compte environ	92,720,000 pers.	souche	
La race romane — —	85,120,000 —	aryenne :	
La race slave — —	44,700,000 —	222,540,000	
La race fino-mongole — —	41,500,000 —	souche	
Madjars — —	5,500,000 —	touranienne:	
Turcs, Tatares —	4,100,000 —	53,700,000	
Livons, Courons, etc. —	2,600,000 —		
Daco-Romans, Macédo-Valaques, Grecs, Albanais.		12,800,000	
Autres races diverses.		12,000,000	
Total, environ.		300,000,000	

Dans l'état actuel de confusion générale, il est difficile de concilier toutes les conditions d'une organisation politique parfaitement naturelle et normale, mais ce n'est nullement impossible. Si le but définitif de la société est la fusion de toutes les nations et la paix universelle, on y parviendra plus aisément en assurant aux parties intégrantes leur individualité, la réalisation de leurs tendances innées et la liberté de leurs mouvements.

Toutes les races commencent à s'effacer peu à peu, il n'en reste que les nationalités; cependant il est aisé de voir, dans le chiffre approximatif exposé plus haut, une certaine proportion égale, un équilibre naturel parmi les habitants d'Europe. Nous allons nous en convaincre plus bas, en examinant la population détaillée.

Afin d'atteindre un rapprochement de tous les membres de l'humanité, dans le but d'établir *une paix universelle*, il faut commencer par *l'union des individualités collectives* (qui sont les nations), au nom de leurs droits communs.

Chaque nation forme, sans contredit, une unité collective parfaite.

C'est la base de l'édifice politique.

Les descendants des anciens *peuples* non organisés, élevés à la dignité de *nations*, pourraient être organisés, d'après *le système politique naturel*, en puissances confédérées, de la manière suivante.

NOTA. Attendu que les races secondaires et mêlées sont dispersées en Europe et ne peuvent former des corps politiques séparés, nous les ferons entrer, dans l'organisation générale, au milieu des nations qui les entourent.

SYSTÈME POLITIQUE NATUREL

Ethnopolies et nations.	Cénopolies fonda-mentales.	Fédérations raciales ou grandes cénopolies.
1. Allemagne rhénane, 2. Allemagne orientale.	I. Cénopolie alle-mande : 55 millions.	
Fédération breto-scandinave. { 3. Angleterre-Écosse. 4. Irlande.	II. Cénopolie bri-tannique : 31 millions 1/3.	I. Cénopolie ger-manique : 96 millions.
5. Suède. 6. Norvége. 7. Danemark.	III. Cénopolie scan-dinave : 8 millions.	
1. Italie. 2. Ibérie.	IV. Cénopolie italo-ibérique : 44 millions.	
3. France, avec les pays limi-throphes	V. Cénopolie fran-çaise : 42 millions 1/3.	II. Cénopolie ro-mane : 88 millions.
1. Serbie. 2. Tchèque.	VI. Cénopolie serbo-tchèque : 18 millions.	
3. Pologne { orientale. occidentale.	VII. Cénopolie polo-lonaise : 23 millions.	III. Cénopolie slave : 46 millions.
1. Moscovie { orientale. occidentale. Provinces baltiques.	VIII. Cénopolie moscovite : 41 millions.	IV. Cénopolie tou-rane : 48 millions.
1. Roumanie. 2. Hongrie.	IX. Cénopolie hongro-romane : 14 millions.	V. Cénopolie le-vantine : 23 millions.
3. Grèce et Turquie.	X. Cénopolie greco-turque : 6 millions.	

N. B. L'Alsace, la Belgique et la Suisse formant des corps poli-tiques exceptionnels, composés de nationalités essentiellement dis-tinctes, il dépend de la volonté des représentants de ces pays d'entrer ou non dans la confédération consanguine. Mais les habitants de ces puissances hétérogènes sont rangés, dans cette table, d'après les nationalités.

Plusieurs nations, bien qu'elles soient homogènes, sont divisées en deux parties, afin de faciliter l'administration autonomique.

Nous voyons, dans ce tableau de l'organisation politique, d'après les indications positives de la nature, que
toutes *les nations* principales devraient former *dix-sept
éthnopolies*, composées, pour la plupart, des habitants
unis par des liens éternels et historiques. Ces éthnopolies
formeraient dix fédérations ou *cénopolies fondamentales*,
rapprochées également par les liens du sang et par une
civilisation analogue. Enfin les races, représentant cinq
groupes différents, pourraient se confédérer de manière à
créer *cinq grandes fédérations cénopoliques*, dont quatre
principales veilleraient au maintien de *l'équilibre naturel*
que voici :

ÉQUILIBRE DU SYSTÈME NATUREL

FÉDÉRATIONS ETHNOPOLIQUES ET CÉNOPOLIQUES

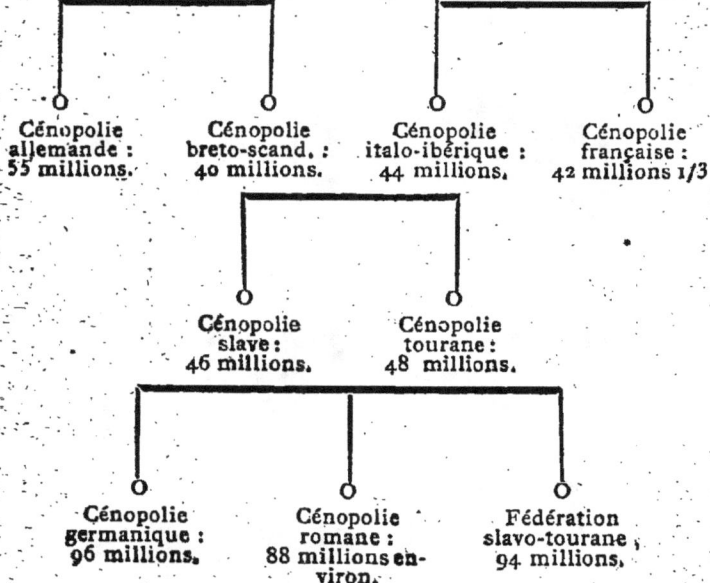

Cénopolie
allemande :
55 millions.

Cénopolie
breto-scand. :
40 millions.

Cénopolie
italo-ibérique :
44 millions.

Cénopolie
française :
42 millions 1/3

Cénopolie
slave :
46 millions.

Cénopolie
tourane :
48 millions.

Cénopolie
germanique :
96 millions.

Cénopolie
romane :
88 millions en-
viron.

Fédération
slavo-tourane :
94 millions.

La cénopolie levantine pourrait conclure avec les Slaves du sud un traité défensif, en formant ensemble une confédération de trente-quatre millions à peu près, pour se mettre en équilibre avec les autres cénopolies, dont la population approximative est la même, et, en général, pour tenir tête, en cas de nécessité, aux voisins dangereux. D'autre part, il est évident que la fédération slavo-tourane pourrait contrebalancer les forces de la cénopolie germanique, et *vice versa*. De son côté, la cénopolie romane aurait presque les mêmes forces que la cénopolie germanique. Enfin, en cas de danger ou d'une invasion quelconque, deux de ces trois fédérations, qui sont indiquées à la fin de la table d'équilibre, pourraient se coaliser contre la troisième.

En fait d'organisation politique, les questions contestables seraient délibérées et décidées dans un congrès international universel et réellement légal.

ADVENIAT REGNUM TUUM.

Puisque la nation a l'autorité suprême, elle ne peut servir qu'un seul maître, et ce maître c'est Dieu. *Dominus Deus noster, Dominus unus est. Dominum Deum tuum timebis et illi soli servies.* (Moyses.)

« Personne ne peut servir deux maîtres à la fois. » (Jésus-Christ. S. Math., vi, 24.)

Il ne doit y avoir d'autre royauté sur la terre que celle de Dieu.

« Cherchez donc, *avant tout*, le royaume de Dieu et sa justice, et tout le reste viendra s'y ajouter de soi-même. » (S. Math., vi, 33.)

Cherchez donc, avant tout, *la vraie liberté chrétienne*, fondée sur *les droits de l'homme*. Elle est le commencement du royaume de Dieu.

SURGE! TOLLE GRABATUM TUUM ET AMBULA.

ADVENIAT REGNUM TUUM

AMEN.

IMPRIMERIE MODERNE, BARTHIER DIRECTEUR, RUE J.-J. ROUSSEAU, 61.